悩んでも10秒

考えすぎず、まず動く！

突破型編集者の仕事術

松田紀子

集英社

はじめに

松田さんの編集経験を、1冊の本にまとめたほうがいいんじゃない？

そんなお声をちらほらいただくようになって数年。私自身の心も固まったのは、2019年の初夏でした。

料理雑誌『レタスクラブ』の編集長になって丸3年を迎え、就任当初から決めていた〝卒業〟の時期が近づいていた頃です。

この3年の間に、数字の上でも結果を出すことができ、ありがたいことに「雑誌不況の中の奇跡の快進撃！」など、テレビや雑誌、ウェブメディアで注目していただく機会もたくさんありました。

あらためて振り返ってみます。

・連続3号完売を含む、計4回完売
・発行部数8万部増（前年度143％伸び）
・創刊30年目にして、競合誌『オレンジページ』の実売部数抜き
・生活実用誌実売1位（2018年上期）
・料理情報誌実売1位（2018年下期）

加えて、

・勧告書送付1回
・謝罪3回
・付録失敗3回
・悔し泣き4回

という記録も、私の胸に深く刻まれています。

情熱と熱狂が盛りだくさんの、最高に楽しくしんどかった3年間。この、出版不況の中に起きたミラクルを本にまとめることで、後進の編集者の方々や、働くことに悩む皆さんのお役に立つことができるのではないかと、考えた次第です。


ここで、私の自己紹介をいたします。

1973年の長崎生まれ。リクルート九州支社で旅行情報誌『じゃらん九州発』の編集を3年。27歳で上京し、メディアファクトリーで「コミックエッセイ」の書籍編集者へ転身。

2016年、43歳の時に料理雑誌『レタスクラブ』の編集長になりました。


コミックエッセイ時代には、リストラ直後の立て直し時期のメディアファクトリーに在籍し、勝負をかけて出した『ダーリンは外国人』（著・小栗左多里）が、シリーズ累計300万部の大ヒットに。

たかぎなおこさんをはじめとした、才能豊かな作家の方々とガッツリ仕事をしながら、「絵と文をゆるやかに組み合わせながら、共感性あるテーマを表現するコミックエッセイ」

というジャンルを確立することができました。

「雑誌と書籍、両方で結果を出した編集者を、あなた以外に知らないよ」と言われた時、なるほどたしかに、と思いました。

編集部員というチームメンバーと一緒に毎号の誌面をつくり、広告営業部門とも連携していく雑誌編集の仕事は、チームワークがものをいう〝団体競技〟。一方で、自分のセンスをひたすら信じて1冊の本をつくりあげていく書籍編集は〝個人競技〟。

団体と個人、どちらでもある程度の結果を残せた選手として、そのノウハウを形あるものに残しておくことは、出版業界への恩返しになるかもしれないな。

そんな思いに至ったのです。

出版業界だけではありません。

私は常々、雑誌・書籍をヒットに導く編集力は、どんな業界、どんな職種にも共通する仕事の極意が詰まっている！と感じていました。

アンケート結果では読み取れない、人々の〝内なるニーズ〟をつかむ洞察力。

お金を出していただくに値する、上質なコンテンツを0から生む力。

毎日100冊以上の新刊が生まれ、強豪ひしめく書店・コンビニ・スーパーの売り場で、手に取ってもらうインパクトを出すビジュアル構築力。

共に作品にかかわる仲間たちと、よりよいゴールを目指すためのチームマネジメント力。

これらは、汎用性のあるスキルです。

とりわけ「0から企画を生み出す力」は、これからの時代により求められているもの。

一方で、「ニーズが多様化して、ヒットが生まれにくい時代」と嘆く声も聞こえてきます。


でも、いつの時代だって、ヒットは生まれる！生める！

大ヒットじゃなくても、そのファンにしっかりと届くコンテンツを生めば、それはその人にとっての大ヒットです。


私の約20年に及ぶ編集者人生を通して得たノウハウを、この本ではできるだけ言語化してお伝えしたいと思います。

「松田さんの仕事術について、もっと知りたい」と慕ってくれたメンバーにも、まだすべてを教えきれていません。彼女たちに贈るつもりで、この本を書きたいと思います。

……でも、多分、読者のみなさんは読んで驚かれると思います。

私がやってきたことは、さしたるテクニックはなく、今すぐにでも、誰でも始められそうなことばかりなので……。

まずは、第1章で、私なりに実践してきた編集術のノウハウをたっぷりと。続く第2章では、私の紆余曲折あった編集者人生の歩みについて。

管理職として大事にしてきたメンバー育成や失敗の乗り越え方、会社員として楽しく働くためのコツ、一児の母として子育てとどう向き合ってきたかなど、「女性が長く楽しくゆるゆると、でもしっかり結果を出す！」ために役立てそうな経験も、せっかくなので、第3章として〝全部乗せ〟させていただくことにしました。

編集者が自分の本を出すというのは、なんだか図々しさも甚だしいとも感じています。

ですが、この1冊との出会いが皆さんの毎日を少しでも明るく楽しく前向きに変えるきっかけとなってくれれば、本望です。

この本のためだけに、ステキな作品を寄せてくださった歴代担当作家の皆さんの漫画も、ぜひお楽しみください。

では、松田劇場幕開けです。

目次

はじめに……2

第1章 ヒット連発を生む編集力は、すべてに通ず……15

『レタスクラブ』復活劇は、素人視点から始まった……16
結果につながった3つの改革……19
〜資料禁止！ 思いつき上等！ 誰もが素直に本音を言える「会議改革」〜……21
会議改革 その① 「企画書持参を禁ずる」……23
会議改革 その② 「パソコン持ち込み不可」……24
会議改革 その③ 「即検索、即アポ入れ」……25
会議改革 その④ 「『知らない』『わからない』大歓迎！」……26
会議改革 その⑤ 「担当外のアイディアも全員出す」……28

～考えない、悩まない！
今の時代に合った方角へと舵を切った「誌面改革」～……32
誌面改革その①「ラク＆効率を重視した特集へ、路線変更」……34
誌面改革その②「レシピや用語を、今風にわかりやすく！」……38
誌面改革その③「多数のアンケートよりも、少人数の生の声を深掘り」……40
誌面改革その④「クライアントも大喜び！コミックエッセイ広告」……43
誌面改革その⑤「脱・優等生。離婚、ママ友、セックスレス……主婦の闇にも迫る」……45
～自己肯定感を高めて、変わることを共に楽しむ！「チーム改革」～……48
チーム改革その①「全員の参加意欲を刺激する」……49
チーム改革その②「目標を合わせ、責任は引き受ける」……50
チーム改革その③「キャラクターのバランスをとる」……52
チーム改革その④「ゲラは真っ赤にしない」……55
チーム改革その⑤「他部署と仲良く連携する」……56
ヒット累計約470万部！コミックエッセイの編集力……62
書籍のつくりかたには主に3パターンある……64
［書籍のつくりかたパターン1］テーマ先行型……64
［書籍のつくりかたパターン2］著者先行型……65
［書籍のつくりかたパターン3］育成型……65

テーマの出発点は「自分の中のうっすらとした疑問」……67
ヒット作の共通点はカバーがスラスラ書けること……70
詰め込みは禁物！「生き血を抜く」ようにつくれ……74
作家との付き合い方、信頼関係の築き方……78
息の長い作家に共通する「ヒデちゃん力」……82
編集担当変更のメリット……84

第2章 編集者以前、編集道修業、九州から東京へ……87

ジャッキー・チェンに憧れて……88
うっかり先生になるところだった!?……92
初めて話します、私の「リクルート以前」……95
あわや無職!? 首の皮一枚でつながった編集者人生……101
給料は正社員の1／3でも、刺激と学びが最高のボーナス！……105
リクルートでの3年間で叩き込まれた、編集の基礎……107
主観で勝負せよ！……110
初めての入稿で40度の知恵熱……113
ステージとは「呼ばれたら上がるもの」……115

あだ名は「ジョン」。呼ばれたら駆け寄っていきます！……117
オリジナルの仕事をつくる視点……120
女・独身27歳、いざ東京へ！……122
書籍編集者になるも、半年であわやリストラ!?……126
16万部ってどうやって出すの？……130
背水の陣で生まれた『ダーリンは外国人』……132
2作目で大ブレーク！　累計３００万部のヒット作誕生……135
30歳までに「名刺代わりになる仕事」をせよ……138
たくさんの人に伝えたい。伝えなきゃ……142
メディアファクトリーと寝た女!?……145
辞める？　残る？　私が決めた理由……147
未経験で『レタスクラブ』編集長に……152
編集長、辞めます――そしてこれから……156

第３章　ゆるく楽しく結果を出す！　松田紀子の仕事術……163

自分の機嫌くらい、自分で取れ……164
30歳までに「話し方」を変える……166

「こうでなきゃ」はわりと無視……169
転職は自分自身の納得感を……171
上司はツボを押さえて攻略……173
エラくなってからが〝学び時〟……175
「やる!」と決めたら、まごつかない……177
弱者だからこそひねり出せる知恵……180
好き・得意を生かして采配する……182
困りごとは即解決へ……184
メンバーのためなら本気で怒る……188
注意、謝罪は面と向かって……193
告白します! 私の謝罪3連発……195
〝圧〟を消すためのゆるふわ戦術……202
時短で「脱! 疲れ切ったおばさん」……204
育児家事に、罪悪感は持たないでいい……206
ここぞというわが子のピンチは救ってみせる……210
息子は私の応援隊長……212
おわりに……214

マンガ
「松田紀子さんと私」
青沼貴子……31
おぐらなおみ……61
小栗左多里……141
たかぎなおこ……161
野原広子……187

カバー装画
松田奈緒子

マンガ
青沼貴子
おぐらなおみ
小栗左多里
たかぎなおこ
野原広子

校正
鷗来堂

編集協力
宮本恵理子
増子信一

宣伝協力
岡村紘子

ブックデザイン
千葉慈子（あんバターオフィス）

初出：本書は書き下ろしです。

第1章
ヒット連発を生む編集力は、すべてに通ず

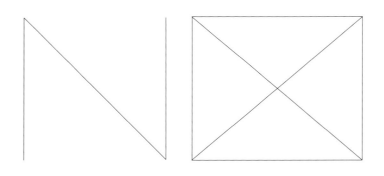

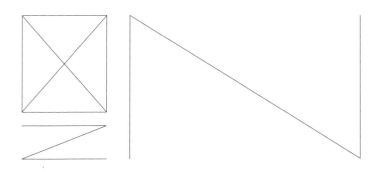

『レタスクラブ』復活劇は、素人視点から始まった

私の経歴で特徴的なのは、書籍編集と雑誌編集の両方を濃く経験してきたということ。「はじめに」で記したように、スポーツ競技でたとえるなら、一人で作家と向き合って黙々とプロジェクトを進める書籍編集は〝個人競技〟で、編集部というチームで知恵と能力を出し合って1冊の本を作りあげる雑誌編集は〝団体競技〟。

そのどちらもそれぞれに魅力があって楽しい仕事なのですが、必要なスキルはちょっとずつ違います。ここでは、二つのスキルを分けて紹介したいと思います。

まず、ここ数年の間に取材のオファーもたくさんいただいた〝『レタスクラブ』の復活劇〟

を振り返りながら、雑誌編集の極意をお伝えします。

27歳からずっとコミックエッセイ畑を歩き続けてきた私にとって、初めてとなる「雑誌編集長」への挑戦。それが、2016年6月の『レタスクラブ』編集長就任という〝事件〟でした。なお、この経緯については、次章でゆっくりと。

異例の人事における会社からのミッションは、「傾きかけた雑誌をコミックエッセイを投入して再生し、部数回復せよ！」

最盛期は100万部の発行部数を誇っていた『レタスクラブ』は、出版不況やインターネットメディア台頭のあおりを受け、10万部台まで部数が低迷。歴代編集長が様々な策を講じながらも、深刻な状況を脱することができていませんでした。

そこで白羽の矢が立ったのが、まったく異ジャンルの畑にいた私。

内示を受けた時には、大好きなコミックエッセイをいかに雑誌誌面に生かしていくかということに一番の関心がありましたが、あらためて（いや、正直に言うと、それまでほとんど『レタスクラブ』は読んだことがありませんでした）ページをめくりながら、「おおー、これは直しがいがある！」と興奮したのを覚えています。

1987年に創刊され、すっかり老舗料理雑誌となった『レタスクラブ』は、編集スタッフもベテラン化し、雑誌全体が落ち着き払って静まり返っているような印象でした。

特に、私のような「料理をあまりしない、できない」初級者にとっては、チンプンカンプンの用語も点在し、入り込めない世界だと感じたのです。

多くの人にとって、「これは私の雑誌」と思ってもらえるための、工夫のしどころはたくさんありそう！

この〝素人視点〟が利いたことは、のちにとてもプラスに働いたと思います。

また、雑誌の収益にとって欠かせないクライアントワーク（広告営業のためのタイアップ企画やそのための営業活動、社内連携）についても、私は先入観がないせいか、苦手意識なく受け止めることができ、柔軟に立ち振る舞うことができました。

いろんな意味で、「よく知らない、わからない、やったことない」という〝ナイナイ尽くし〟が、逆に強みになったのです。

では、実際に私が何をやってきたのか？

順にお話しします。

結果につながった3つの改革

私はもともと直感重視で動く前頭葉型タイプの人間であるため、『レタスクラブ』でやってきたことも、正直言って、私がフツーに大事だと感じたことをフツーにやってきただけ。決して特別な魔術ではないのです。

実際、某ビジネス系イベントに呼んでいただいて話した後に、「松田さんがやってきたことって、本当にフツーのことなんですね」と聴講者から呆れられたほど。

逆に言えば、高度な曲芸や魔法ではないからこそ、誰にでも応用していただけるのかも？と気づき、ちょっとずつ自分がやってきたことを整理してみました。

その結果、わかったこと。『レタスクラブ』復活につながったのは、〝3つの改革〟だったのです。

「会議改革」
「誌面改革」
「チーム改革」

一つひとつ、説明しますね。

「誰もが素直に本音を言える「会議改革」～資料禁止！　思いつき上等！～」

毎号の雑誌の企画が決まる場。それが編集メンバーが参加する「編集会議」です。

私が編集長として就任した当日に、たまたま編集会議の予定があると聞き、私も参加することになりました。

きっと部員みんなでワイワイ意見を出し合って決めているんだろう、と思って臨んだ私は、衝撃を受けました。

シーンと静まり返った会議室。「コ」の字型に並べられた長机に、ズラリと並んで座る十数人の編集部員。

部員の前に置かれているのは、Ａ４サイズの会議資料。前日までに用意された、企画案の束です。

ビッシリ書かれたその文面を、端から順に、部員が読み上げていくのです。聞いている他の部員のリアクションは、特になし。一人、自分の企画を読み上げ終えると、また次の人へ。それが十数人分、繰り返されるだけの、摩訶不思議な儀式。

全員が下を向き、静まり返った空気が漂っています。

沈黙に耐えきれず、私は居心地が悪くて仕方がありませんでした。


この会議は、ヤバい……！


それが私の純粋なる心の叫びでした。これまでの経験上、形式的な会議からは、面白い企画は生まれないという確信がありました。

しかし、さすがに編集長が編集会議を毎回ボイコットするわけにもいかないので、週に１回の会議のやり方を根本から変えることに決めたのでした。

初期に実行した具体策は、例えばこんなものでした。

会議改革 その①「企画書持参を禁ずる」

「事前に企画書を用意して、会議の場で読み上げる」という謎の朗読スタイルをやめて、あえて「企画書は用意しない」というルールに。企画書を書く時間もいらないですし、時短にはもってこいです。

これはなかなかいい効果がありました。

企画書は準備せずとも、企画会議なので部員はそれぞれの頭の中にアイディアを詰め込んで参加します。

頭の中のアイディアを口頭で説明してもらうと、担当者の熱量が生まれて、よりイキイキとした言葉で伝わってきます。「企画書にまとまっていないから」という理由で発言を遠慮することもなくなりますし、自然と発言量が増えていきました。

会議改革 その②「パソコン持ち込み不可」

さらに、個人のパソコンを会議に持ち込まない、というルールを決めました。

画面を開くと、メール対応や会議に関係のない資料づくりなどの〝内職〟を始めるメンバーがどうしても出てくるので、全員がガッと集中する雰囲気が生まれづらくなります。

ただし、私だけはパソコンを持ち込んで、皆から上がったアイディアをその場で打ち込み、プロジェクターに投影するようにしていました。

数カ月経ってだんだん皆の発言も多くなり、会議が活性化してくると、キーボードを打つのも追いつかなくなり、ホワイトボードに切り替え。

プロジェクターやホワイトボードに〝一極集中〟することで、全員の目線の方向が一致して、士気が上がる。そんな感覚がありました。物理的に「目線を合わせる」って、結構大事な気がします。

発言量が十分な量に達したと感じてからは、パソコン持ち込みOKにしましたが、内職をするようなメンバーはおりませんでした。

会議改革 その③「即検索、即アポ入れ」

会議でアイディアを出し合っていると、「料理ブロガーの○○さんってどういうレシピが得意なんだっけ?」といったハテナがポツポツと出てきます。

そんな時は、サッと私が手元のパソコンで検索して情報を共有。プロジェクターに画面を投影しながら、「最近のインスタ投稿はこんな感じ」「卵料理がバズってるみたいだね〜」「あ、本を出したばかりみたい」とサクサク。「Aちゃん、出版社に問い合わせて連絡先聞いて、アポ取ってみてくれる?」と、その場でアサインまでしてしまいます。

ポイントは、「会議しながら、スタートを切る」というスピード感。

「後で調べておきます」で話を終えると、たいていは忘れてしまったり、なんとなく日が経ってしまったり、事がうまく進まなくなることが多いのです。

私自身も、特集内容と出稿予定の広告のバランスに問題がないかなど、広告部に確認する必要が生じたら、会議中にメールを出したりしていました。

「ボーッとしていたら、置いてかれる」。そんな緊張感を醸して、全員の意識が会議に集中するように心がけていました。

会議改革 その④「『知らない』『わからない』大歓迎！」

30年もの伝統がある『レタスクラブ』の編集部には、長年誌面づくりを担ってきたベテランが何人もいました。

料理家の先生方とのお付き合いも長く、本人たちも料理が得意で、一般の平均レベルからするとはるかに豊富な知識がある。私はとてもとてもかなわないので、彼女たちが使う言葉の意味がわからないことが幾度となくありました。

例えば、「カラザ」。

卵を使ったレシピの中に突然出てきたこのカタカナ3文字の意味が、私はまったくわかりませんでした。

「カラザって何？」

素直に聞くと、ベテラン編集者が眉をひそめました。

「え？ カラザをご存じないんですか。卵の白身のひも状になっている部分のことです」

「全然知らなかった。多分、わからない読者のほうが多いと思うから表現変えてもらっていい？」

「みんな知っていると思いますよ」

この言葉にスイッチが入った私は、フロア中にいる局内の女性社員ほぼ全員に「カラザって知ってる？」と聞き回ったのです（執念……）。結果は「認知率3割以下」。

この数字を突き出して、修整に納得してもらいました。

ずっと専門分野をやっていると、知識量が一般人の何倍にもなります。これは業界では重宝されますが、逆に一般読者とはどんどん差が生じていきます。専門家が読む専門誌であれば問題ありませんが、一般の読者が読む媒体の場合は、時々この差が開きすぎていないか、チェックが必要です。

私が新生『レタスクラブ』で重要視したのは、「わかりやすさと敷居の低さ」。「料理が得意じゃないあなたも大丈夫！いらっしゃいませ～」と扉を大きく開いてこそ、新しい読者から必要とされる、と思っていたからです。

だから、会議でも重視したのは「知りません」「わかりません」を堂々と言える雰囲気づくり。

その率先者として常に私が「何それ?」「へぇ〜、知らなかった!」と言いまくっていました（まあ、知識がそもそも乏しいのが主な原因ですが）。

会議改革 その⑤「担当外のアイディアも全員出す」

「担当外」の分野についても、全員で企画を出し合って意見交換することが、誌面の活性化に非常にプラスに働きました。

それまではなんとなく、「他人の領域は侵さない」かのような見えないラインが敷かれていたのですが、「むしろどんどん侵していい!」と推奨（「企画書なし」のスタイルをしばらく続けた後に始めた新ルールでは、150字以内でポイントだけを書いて企画書を用意するようになりました）。

どんなにベテラン編集者でも、担当外の分野については素人同然。「葉物野菜ってどうやって保存するのがいいんですか？」とか「ポイントが一番たまるカードはどれ？」とか「洗剤の使い分けに迷っちゃうんですよ〜」といった、担当者からすると「今さら、そこ!?」といった素朴な疑問がわんさと湧いてきます。

しかし、その素朴な感覚は、届けたい読者の感覚に実はとっても近い。

担当外だからこそ自由に発言できる無責任さが、かえっていいのです。

それをそのまま企画にするかは別として、「そうか、不慣れな人はこんなことを知りたいと思うんだ」と、担当が気づけることになります。

同じ効果を狙って、私はよく新人や若手の部員を積極的に指名して素朴発言を促していました。彼女たちはベテラン勢に遠慮してモジモジしていることが多いのですが、読者感覚に近い貴重な存在。編集長である私から「どう思う？」と聞かれたら、意見を出しやすくなるはずなので、できるだけ発言してもらうようにしていました。

そして、そこでどんな発言が飛び出しても、責めない、怒らない、バカにしない。「そんなこと考えてるんだ〜！」と面白がって、受け入れることに徹するのが大事。

すると、誰もが「この場では、何を言っても大丈夫」と安心して、疑問や思いつきを素直に口にするようになるのです。

これらの改革を始めて2、3カ月が経つ頃には、会議室はずいぶんにぎやかに。限られた数人だけでなく、いろんなメンバーが自分の意見を言う雰囲気ができあがっていきました。

そして、それに比例するように、部数もどんどん持ち直していったのです。

松田紀子さんと私 —— # 青沼貴子

あおぬま・たかこ ◎作品に『ママはぽよぽよザウルスがお好き』『ねえ、ぴよちゃん』『今夜もホットフラッシュ』『空気でも太るお年頃の私が15キロ痩せるまで』など。

〜考えない、悩まない！今の時代に合った方角へと舵を切った「誌面改革」〜

しつこいようですが、私は料理の素人です。できる限りのラクをしたいと願うズボラで、細かい節約や食材活用のために複雑な準備をするのも苦手。完璧に家事をこなす主婦の方々からすると、呆れられるレベルだと自覚しています。

けれど、仕事や子育て、介護などで忙しい女性が増えた今の時代、私のような女性は少数派かというと、どうやらそうでもなさそうだという感覚もつかんでいました。

この私自身の「もっとラクしたい」という気持ちが、『レタスクラブ』の誌面改革の出発点になっているのです。

とりわけ、２０１７年５月のタイミングで会社が決定した「月刊化リニューアル」は、大きな転機になりました（それまでは隔週刊でした）。リニューアルに向けてのコンセプト変更は、雑誌を生まれ変わらせるくらいの思い切った転換が必要。

丸一日、近所のスターバックスにこもって一人でコンセプトを考え抜き、賭けのような気持ちで挑んだリニューアルでしたが、結果は吉と出て、心底ホッとしました。

そのリニューアルをはじめとして、私が実行して功を奏した誌面改革について、いくつか紹介したいと思います。

誌面改革 その①
「ラク&効率を重視した特集へ、路線変更」

「考えない、悩まない、生活はもっとラクできる」

月刊化リニューアルに向けて、私が決めたコンセプトがこの一文。

新生『レタス』は、徹底的に〝ラク〟や〝効率〟を追求しようと決めました。

大切にしたのは、私が編集長になることが決まってすぐに『レタスクラブ』をめくった時に抱いた〝違和感〟。

「今どき『夕飯に4品つくりなさい』なんて、働く主婦にはハードル高すぎない？」

「モデルルームみたいなそっけない部屋や収納って、そんなにうらやましい？」

「手段や材料は何でもいいから、安くて失敗しないレシピが知りたいんですけど……」

「ズボラで、面倒くさがりで、できるだけラクしたいのが、人間ってものじゃない？」

「というか、そもそも主婦ってそんなに家事&育児一本槍じゃないのでは？　主婦像、古くね？」

私自身の中にジワッと湧いていたそんな違和感が、読者も同じように抱いている違和感だと感じた時、一つひとつ、ひっくり返していく。

それをただ繰り返していったのが、私の誌面改革でした。

その結果、大きく変わったのは、やはり特集が打ち出すメッセージ。

リニューアル前には、食材別の献立紹介など、料理慣れした読者に向けた特集が多かったのですが、私からすると、ややマニアックで「今日、即役立つ！」とは感じにくいものでした。

例えば、「イクラのしょうゆ漬けを手作りしよう」という提案がされていても、面倒すぎて私には全然響かないし、「鶏肉対決！ムネ肉VSモモ肉」という謎の闘いにも興味をまったく持てなかった。

それより知りたいのは、「何も考えずに、包丁を持ってチャチャッと15分以内でできる献立」であり、料理や買い物の時短術。

フライパンひとつでできたり、材料2つでできるレシピなど、効率的な技やメニューを積極的に紹介していき、とにかくハードルを下げることにこだわりました。

この「考えない、悩まない」というコンセプトを思いついた背景には、私自身が「ちいさなことをいつまでも考えたり悩んだりするのがイヤだった」という理由もありましたが、10年ほど前にある後輩がボソッとつぶやいた一言が、ヒントになっていました。

私は料理は好きではありませんが、洋服は好き。近所のリサイクルショップでお安く買い込んだ服をクルクルと組み合わせて選んでは、毎日コーディネートを考えるのが、まったく苦にならないタイプです。

しかし、その後輩は洋服には興味がなく、同じブランドの服を何着か買って着回しているだけの超シンプル志向。

ほとんど代わり映えしない上下に身を包み、特に気にしていない様子が、私には不思議でした。が、ある日、たまたま洋服の話題になった時、彼女がこうつぶやいたのです。

「だって、毎日組み合わせ考えるのって、面倒じゃないですか？」

……そうか！〝考えること〟は面倒くさいことなんだ！

料理雑誌とは無縁だったコミックエッセイ時代に得られたこの気づきが、ずーっと私の頭の隅っこに生き続けていたのです。

こういった「日常の中でふと発せられる、気負いのないつぶやき」には、多くの読者の支持を集める貴重なヒントがあると思います。

考える面倒を極限まで省くことを追求した結果、リニューアル後の看板となるようなヒット企画も生まれました。

それが、毎号別冊付録としてつけていた「1カ月分の献立カレンダーBOOK」。

週ごとに買うべき食材リスト（週途中の買い足し分も）と、毎日の献立を載せたもので、その通りに買い物と調理をしていけば、献立に迷うことなく、週の終わりには食材をすべてスッキリ使い切れるという、超便利なマニュアルです。

編集にはとても手間がかかる企画でしたが、他誌にもパクられるほど大好評（！）となり、本誌の部数回復を支えてくれました。

毎回の表紙も、その月に推したい内容を精査して、ロゴ周辺に目立つように配置。書店のラックに差さった時に、推したい特集名や付録がよく見えるように工夫しました。

誌面改革その②「レシピや用語を、今風にわかりやすく！」

ハードルを下げる上では、誌面で使われている用語のわかりやすさにこだわることも重要でした。

前述の「カラザ事件」もしかりですが、象徴的だったのは「パクチー事件」です。

ある日、ゲラを読んでいてふと目を留めた私。

「香菜……？　これってパクチーのことだよね？」

その頃はパクチーブームが到来し、巷のレストランやカフェに「パクチーうんちゃら」が登場しまくっている時でしたので、香菜という呼び名より、パクチーのほうが認知しやすいのは明らかでした。

「パクチーに全部修整できない?」

担当者に伝えると、またもや眉間にシワが寄りました。

「あのぉ、松田さん、うちでは香菜と表記するのが創刊からの習わしでして……」

そんな習わし、読者には関係なーい!

よく聞けば、本誌の食材表記を一つ変えることで、転載先の表記も全部変えないといけないとのこと。たしかにそれは面倒だと感じましたが、私たち編集部がその面倒をいとわないことが、読者の読みやすさにつながるのであれば、やっぱりやるべきだと判断しました。

でなければ、スーパーでパクチーを手にしながら「これに似た〝香菜〟ってどこにありますか?」と店員さんに質問する方が続出してしまうかもしれないのですから。

また、レシピの読みやすさにも注意を払いました。

同じような献立のレシピでも、当時業界トップだった『オレンジページ』のレシピはスッキリと短くまとまり、簡単そうに見えるのに、なぜか我が誌のレシピのほうは手間が多いように見える。それは、まとめて表現する工夫がされてなかったからです。

それがわかって以来、調理のステップをできるだけシンプルに理解できるよう、担当者に知恵を絞ってもらいました。

誌面改革 その③
「多数のアンケートよりも、少人数の生の声を深掘り」

こういった細かい改革をする際に、私自身の違和感やモヤモヤの解消だけを重視していたのでは独りよがりになってしまいます。なので、読者リサーチもしっかりとやりました。しかしながら、そのやり方も、読者アンケートの結果分析を中心とした従来の手法からガラリと変えました。

私は、答える顔の見えないアンケートよりも、目の前の読者の生の声をじっくり聞くことを重視します。

実際にやってきたのは「読者に編集部に入り込んでもらう」のと「編集部が読者の生活に入り込む」の二つのアプローチ。

前者は、「LINEレタス隊」という読者グループで、ターゲット層の女性が8人程度の少人数組織。

メンバーは半年に一度の入れ替え制で、任期終了時に、現メンバーから知り合いを紹介してもらう仕組み。普段はメッセージアプリの「LINE」で意見を伺ったり、モニター企画に協力してもらったり。さらに月に1回は編集部に来てもらって「オフ会」を開き、今後展開したい企画に関しての意見やアイディアを編集部からぶつけています。

各月の参加者は4〜5人程度ですが、少人数だからこそ際どい家庭の話もできたり、「実はこういうことに困っていて」と悩みを打ち明けたりしやすい雰囲気が生まれます。

多数を対象にしたアンケート結果からは、決して見えてこなかった、まだ言語化されていない深いニーズが掘り起こせるので、私はこの会をとても大事にしていました。

もう一つの手法は、名付けて「ヨネスケ調査」。

某テレビ番組でタレントのヨネスケさんがやっていた突撃企画よろしく、編集メンバーが読者のご自宅を訪ねて、キッチンに並ぶ調味料から冷蔵庫の中身まで、ヒアリングをさせていただくというもの。

実際におうちを覗いてみることで、本人がまだ明確に言語化できていない困り事（例えば、「洗濯機のホースの埃がたまるが、掃除の仕方がわからない」など）を、どんどん発見できるのです。

おじゃましたメンバーが持ち帰った発見の数々を編集会議で発表してもらい、誌面に生かしまくりました。

「多数の総意よりも、少人数の生の声」

この方針をブレさせなかったことは、毎月の企画を決定していく上でも欠かせなかったと思います。

誌面改革 その④「クライアントも大喜び！ コミックエッセイ広告」

私の得意分野を生かせた実績として紹介したいのが、「コミックエッセイ広告」を誌面に持ち込んだことです。

私が愛してやまないコミックエッセイを、『レタスクラブ』という舞台で羽ばたかせたい！

これは、私が編集長を引き受けた時点で、前頭葉にセットされたミッションでした。

かつて、自分の担当作品を連載できる媒体を探しまくっては断られ続けた思い出のある私にとって、自分の意志が叶う媒体があるというのは、夢のような話でした。

とはいえ、誌面の大部分をコミックエッセイに変えるようなことはできませんし、単に連載を増やす程度の応用であればありきたりです。

コミックエッセイならではの持ち味を生かせて、かつ、雑誌の収益回復にもつながる妙案はないだろうか？

　そうやって思いついたのが、「面白くて伝わりやすいコミックエッセイを使った広告記事」というアイディアでした。

　写真や文章だけでは表現しにくい商品の魅力を、コミックエッセイだからこそ伝えられる。そんな広告記事をつくったら、広告を出稿していただくクライアントも喜んでくれるのではないか。雑誌の生命をつなぐのは、販売利益だけでなく広告収入です。今までにない〝攻め〟の姿勢でいこう！と考えました。

　最初に受注が決まったのは、某社の全自動おそうじトイレ。主婦にとって面倒な、トイレ掃除の手間が省けるという画期的な商品でしたが、なにせ商品そのものは便器の形をしているので、なかなか料理雑誌の中で収まりよく紹介することが難しい商品でした。

　こういう時こそ力を発揮するのが、コミックエッセイです。漫画だから直接的な便器写真をメインにしたページ構成にはなりませんし、エッセイなので作者の使用実感も共感性高く楽しく伝わります。

　結果は大好評で、以降「うちも同じような広告を出したい」と出稿を決めてくださるクライアントが続出したのです。

就任2カ月後の8月発売号から始めて、11月発売号では、広告の売り上げが前年比1・8倍までアップ。

作家の方々の仕事の幅が広がったこともうれしく、この広告手法はその後、『レタスクラブ』の看板になっていきます。

誌面改革 その⑤
「脱・優等生。離婚、ママ友、セックスレス……主婦の闇にも迫る」

紙の雑誌の醍醐味は、1冊分のページをめくる中で、いろんな興味関心を刺激するテーマに出会えること。

そして私は、そのすべてが「よきママ、健全な主婦像」みたいな内容だとつまらないな、と感じていました。

主婦の日常にはいろいろなことが起こります。夫との関係、子どもが抱える問題、嫁姑、ママ友との関係……。言ってみれば、闇要素いっぱいのエピソードのオンパレードです。そんな〝闇〟の部分に触れることも、読者の共感を広げてくれると私は確信していました。これは、コミックエッセイ時代に培った感覚なのかもしれません。

そこで始めたのが、野原広子さんのコミックエッセイ連載『離婚してもいいですか？　翔子の場合』です。

何一つ問題ない家庭で暮らす平凡な主婦、翔子がつぶやく「私は夫が大嫌い」から始まるこの作品は、『レタスクラブ』がこれまで正面から扱ってこなかった「離婚」をテーマにした連載でした。でも、あえての「闇」を投入することが、逆に雑誌をイキイキさせる。この、どうしようもない息苦しいテーマが必要な主婦もたくさんいる、という確信も、日々の読者調査から得ていました。

でも、あまりにも斬新すぎたのでしょうか。連載スタート当時は、読者の反応はまるで水を打ったように静か。開けてはいけないパンドラの箱を開けてしまったのか？

しかし、徐々にＴｗｉｔｔｅｒなどでの反響が集まり、そのうち、編集部内で最新号の見本が届くやいなや、この連載ページから読む人が続出したり、「続きが早く読みたい」「翔子はちょっと身勝手じゃないですか?」といったマジなレスポンスが読者やクライアントから届くようになったり。

当初、連載は物語の途中で終わらせて、残りは単行本に収録する予定だったのですが、「そんなことしたら、読者の反感を買うな、これ……。やっぱり最終話までちゃんと掲載しよう」と計画を修正。

「最終話までイッキ読み!」という別冊付録を作り、単行本ではさらにオマケのエピソードをつけて発売するという作戦へと変えました。このタイトルは今でも電子書籍で売れており、「コミックエッセイ闇ジャンル」を確立したほどです。

その後、同じく野原さんの『消えたママ友』、おぐらなおみさんの『私の穴がうまらない』と合わせて、奥様劇場3部作が誕生。岡部えつさんの小説『気がつけば地獄』も、私が立ち上げた、深い思い入れのある連載です。

人には言えない、ドロッとした主婦の闇の部分にも触れることで、「あ、この雑誌は、ちゃんと私の気持ちをわかってくれている」という信頼関係が、読者との間に生まれるのではないか。そう確信しています。

「チーム改革」〜変わることを共に楽しむ！〜自己肯定感を高めて、

雑誌づくりは団体競技と言いましたが、まさにチーム力が問われる仕事だとつくづく思います。チームに属する一人一人が力を出し切れないと、勝てる試合も負けてしまいますよね。

そのためには、編集部内のチームをいかに盛り上げていくかが大事。

そして、広告収入を担う営業部隊との鉄の連携も重要でした。

チーム改革 その①「全員の参加意欲を刺激する」

23ページで触れたように、会議の場はできるだけ全員が、気軽にアイディアを出せる雰囲気づくりを重視していました。

意見がたくさん出ることでとてもいいのは、〝組み合わせの妙〟の効果が生まれることです。

「思いつき歓迎」を前提に意見を集めていたので、出てくるアイディアの大半は、ほとんど練られていないキーワードレベルのものです。

一つひとつのアイディアは未完成であったり、既視感があったりと、それだけでは企画の原型になりにくい場合が多い。ところが、複数のアイディアをつなげる、掛け算することで、キラリ光る魅力が。

結果、「AさんとBさんの企画をくっつけて、さらにCさんのアレンジも加えて、特集成立!」みたいなことが頻発するのです。すると、1冊のどこかしらに「私のアイディアのエッセンスが入っている」とチーム全員が思えるようになります。

そして、売れ行き好調な時には、全員で拍手で称え合う。きっとそれぞれが「私のおかげ」と思っているはずです。それで全然いいのです。

特定の一人がスーパースターになるのではなく、みんなが参加している感覚を持てること。これが、チーム力アップに欠かせないと私は思います。

チーム改革 その②「目標を合わせ、責任は引き受ける」

改革というとカッコよく聞こえますが、その実情というのは「変える面倒」の連続で、決してラクではありません。

省エネするなら、変えないほうがいいに決まっています。でも、それでは未来がない。だから、私はなりふり構わず「ここをこうしよう」「あれも変えちゃおう」と旗を振ってきたわけですが、ここで注意しないといけないのは、〝ゴールを見失わないこと〟です。

ゴールは「売れること」であって、「変えること」はその手段。

いつのまにか、目的と手段が逆になって、いったい何のために頑張っているのかがわからなくなる状況って、実はよくあるのではないかなと思います。『レタスクラブ』のリニューアルに際しても、私は「リニューアルのためのリニューアル」になってしまわないように意識していました。

つまり、全部変えればいいというわけではなく、残すべきところはしっかり残す。例えば、雑誌のアイデンティティである料理のページ数は減らしませんでしたし、料理以外の「整理整頓」「美容」「お金」という柱も踏襲しました。売れるためにやるべきことの取捨選択をしたのです。

私が変えた部分に関して、批判する声も聞こえてきました。でも、そんなの聞き流していいのです。なぜなら、数字の責任をとるのは私であって、外野じゃない。

私がその責を任せられたのであれば、自分が納得できるようにやればいい。結果が出なかったら、潔く降りればいい。

上や周囲の機嫌を見ずに、目の前の読者を見る。その姿勢を貫いて、編集部全員の目線も合わせられるようにと、努めていました。

チーム改革 その③「キャラクターのバランスをとる」

編集長は孤独な生き物です。誰とも群れられない、たった一人で道を切り開くようなヒリヒリした感覚の中にいます。毎号の売れ行きの責任を感じながら、あーでもないこーでもない、と内心ビクビクでやっているのです。

そこで重要なのが、チーム内の布陣。鬼退治（？）に出かけるための、頼れるメンバーを脇に固めることができれば、元気いっぱい強気で頑張れます。

人事については自分だけではどうにもならないものではありますが、私の経験から「チーム活性に欠かせない3大キャラ」を発表します（独断です、あしからず）。

（1）コツコツ真面目な職人肌

ものごとを進める上で、「着実な実行役」というのは不可欠です。私が緻密性を求められる仕事がまったく苦手なため、着実に納期を守り、確実に仕事を進行してくれるメンバーがいたことは、とても救いになりました。

決して声が大きいタイプではなく普段は目立たないのですが、仕事は完璧にこなし、ミスをしない。「次はこれやるよ！」と花火を打ち上げるのが大好きなリーダー（私）の横で、「ハイ、先週のあの件進めておきました」とスッと差し出してくれる。頼れる番頭さんのような存在。まずはこの「着実な職人気質」タイプをそばに。

（2）一緒にノッてくれるマラカス奏者

「こういう企画、やってみようと思うんだけど」と新しい試みを打ち上げた時に、チームの反応がイマイチだとシュンとしてしまいます。

「松田さん、面白そうです、それ！　やりましょ〜！」と両手でマラカスを振らんがごとく盛り上がってくれる。そんなメンバーが1人、2人といるだけで、ガンガンと勢いは増していきます。できるかどうかを考えるより、まずはやってみる。そうすることで不可能も可能になるのです。

こういう、エンジンのふかし役になってくれるようなノリのいいメンバーは常にそばに置くようにしてきました。

（3）何にも知らない素朴な新人

もう一役、欠かせないのが、「新人」です。まだ経験が少なく、専門知識もない。だからこそ、フラットな視点で意見が言えるし、ベテランではつかみきれない「知らない」「わからない」という疑問点を提案できる貴重な存在です。

加えて、「新人がやってきた。頑張って育てなきゃ！」という共通ゴールがチームに生まれるのもメリット。新人に教えることでぐんと成長するメンバーを、これまで何人も見てきました。

どんなメンバーにもそれぞれに持ち味があり、それを探すのも楽しみの一つですね。

チーム改革 その④「ゲラは真っ赤にしない」

メンバーのモチベーション対策としてやってきた行動の一つが、「部下が提出してきたゲラを真っ赤にしない」でした。

校了ギリギリの段階で大幅な修正や差し替えが生じた時のつらさは、以前、私自身が痛いほど経験してきました。

『レタスクラブ』の編集部内にはワーキングマザーも多く、限られた時間の中で効率よく仕事を進める環境にすることも課題の一つでした。

なので、私はできるだけ「ゲラ(印刷所で刷られた試し刷り)は赤くしない」主義に。もちろん、ベテラン勢によって精度の高い仕事が期待できるという前提はありますが、たまに「いまひとつだな……」と思う記事が上がってきたとしても、「次から頑張ろう」というコメントをそえてメンバーに戻します。メンバーは、反省しつつ、次号は素晴らしいものを上げてくるようになります。これを繰り返すうちに、しょぼいゲラはほとんど見なくなりました。

逆に質のいい記事を出してきたメンバーには、「よかった! 面白かった」と手放しで褒めます。また、売れた月にすごく手間のかかった記事を手がけたメンバーがいたら、「○○さんが頑張ってくれた」と皆の前で讃えるようにしていました。

私はみんなの頑張りをちゃんと見ている、という姿勢を伝えることが大事だと考えています。

チーム改革 その⑤「他部署と仲良く連携する」

編集部と広告営業部があまり仲よくない、というのは昔からよく雑誌で見られる関係性です。お互いが見ている世界が違うので、まあしょうがないことなのですが。

でも、私は「広告とってなんぼ」のリクルート出身の血が流れているからでしょうか、営業部がクライアントに提案しやすくなるならば、いくらでも協力しよう、と最初から考えていました。「営業部とは無駄に戦わない」と決めていたのです。

前述の「コミックエッセイ広告」の発案しかり、読者にとって楽しく読めて、かつ広告主にとっても重宝がられそうな独自企画を、営業部隊と膝を突き合わせて考えていました。営業部門のリーダーも編集方針をよく理解してくれて、いい企画をどんどん出してきてくれました。

営業にプラスになるクライアントご挨拶やセミナーへの登壇も、お呼びがかかればホイホイと乗り、「相談しやすい編集長」を心掛けていました。

普段からのコミュニケーションがあれば、ハードな局面で助け合いができる関係性にもつながり、雑誌の生命力を強くしてくれるはずです。

以上、私が『レタスクラブ』でやってきた改革を、会議・誌面・チームの3つの視点で、お伝えしてきました。

結果として、2016年6月の就任後の成果として、2017年下期には前年比143・2％の部数増に。広告収入も2倍近くにまで伸びました。

うれしかったのは、往年のライバル誌『オレンジページ』の実売部数をついに抜いたこと。編集メンバー全員で、くす玉を割ってお祝いしました。

結果が出た今となっては、誰もが評価してくださいますが、就任当初は誰もが私へ不安を感じていたと思います。

「料理雑誌の編集経験もないのに、どれほどのものなの?」という視線を感じながら、完全アウェーな世界からのスタート。

私が「創刊30年の伝統」をものともせず、古い慣習を次々に変えていくことに、戸惑ったメンバーも多かったはずです。

でも、後から聞くと「ついていくのは大変だったけれど、松田さんがバッサバッサと変えていく姿を見るのが気持ちよかった」と、話してくれるメンバーもいました。

新しいことを始める時には、必ず何かを捨てることになります。雑誌のリニューアルでは、「既存読者VS新規読者」という議論もよく語られるようですが、私からすると、読者に「既存」も「新規」もないと思っていました。

今の時代に合う役立つ誌面をつくっていけば、これまで読んでくださっていた方も、初めて読んでくださる方も、きっと同じように楽しんでくれる。

そんなふうに、シンプルに考えていました。

ありがたかったのは、私の無茶振りをいつも支えてくれたメンバーたちの存在です。彼女たちは『レタスクラブ』という雑誌を愛してやまないから、私の無茶にもついてきてくれたのだと思います。

実際、彼女たちの雑誌愛にはずいぶん支えられました。

編集者が自分の媒体を愛することほど、大事なことはありません。私が改革したから再生に成功したのではなく、彼女たちがもともと持っている媒体愛をそのまんま誌面に出し、読者に放ったからこそ成功したのです。今となっては心底そう思います。

ほんの数カ月前の、いつもの編集会議でのシーンです。

「増税前の緊急お金特集」というお題があがったのですが、「ふつうに消費税増税を取り上げるだけでは面白くないねー」「他誌やテレビでも取り上げるだろうしね」と議論がやや迷子になりかけた時がありました。

すかさず、私が発言。

「ねぇ、この令和の時代にあえて、〝袋分け〟家計管理の特集やるのはどう?」

一同爆笑。

「松田さん、電子マネー全盛の時代に〝袋分け〟ですかぁ〜（笑）。でも、面白そう」

「うん、案外ときめくよね。昔ながらのアナログ」

「現金が見えるのが一番いいって、主婦の友達も言っていました」

「いけるかも。じゃ、具体的に詰めてみよう！」

結果、「実録！袋分けの女たち」という最高な企画が生まれました。多分、同じ号で袋分けを紹介している他誌はなかったはず（笑）。

いまだにこんなふうに盛り上がれるのは最高だなぁと、なんだかうれしくなりました。

松田紀子さんと私 —— おぐらなおみ

おぐら・なおみ ◎作品に『働きママン1年生』『新 働きママン 谷のぞみ(32)ワーママデビューします!』『うちの子、伸びざかり、ボケざかり!』『母娘問題―オトナの親子』など。

ヒット累計約470万部！
コミックエッセイの編集力

では次に、私が編集者としてブレイクスルーするきっかけとなった、メディアファクトリー時代の「コミックエッセイ」編集経験から、その〝ヒットを生み出す〟ノウハウをお伝えしていきます。

定期刊行物である雑誌と違って、書籍は「企画さえあれば、いつでも生み出すことができる」というもの。

つまり、個々の編集者の企画力がより発揮されやすいパッケージだと思います。

特に、編集者自身の感性が最高潮に研ぎ澄まされている時と、時代の風向きが一致した時の爆発力はものすごい。

2002年に第1作、2004年に第2作を発売した『ダーリンは外国人』がシリーズ累計300万部というミラクルヒットを打ち立てたのも、当時の私が〝時代の流れと相性が良い編集センス〟を持ち合わせたタイミングだったことが大きい。とても幸運なことでした。

一方で、運だけではヒットを生み続けることはできません。時には手痛い失敗も重ねながら、様々な試行を繰り返し、私なりの「ヒットへの最短ルート」を確立してきたつもりです。

書籍のつくりかたには主に3パターンある

さっそく「どうやって企画を立てるのか?」という、ど真ん中のノウハウからお伝えしようと思いますが、その前に。

私は、「書籍のつくりかた」には3つのパターンがあると、経験上とらえています。この3パターンについて、まずは整理しましょう。

[書籍のつくりかた パターン1] テーマ先行型

編集者の内なる思いとして「こんな本をつくってみたい」というテーマがあり、それを表現するのに最適な著者を探していく。

私の担当作品では、たかぎなおこさんの『１５０ｃｍライフ。』（身長が低い女性の目線で日常を語るほのぼのエッセイ）などがこのパターンにあたります。

〔書籍のつくりかた パターン2〕 著者先行型

編集者が「一緒に仕事をしたい！」と願う有名著者がいることが出発点になるパターン。その著者が描きたいテーマなどを聞き取り、話し合いを重ねて、作品を決めていく。青沼貴子さんの『かわいいころを過ぎたら』などはこれにあたります。

〔書籍のつくりかた パターン3〕 育成型

まだ実績がなくても「この才能、もっと輝くはず！」と確信できる著者が見つかった際に、その著者を最大限に生かせるテーマや作品を探っていく。野原広子さんの『離婚してもいいですか？』シリーズなどがこの例にあたります。

以上が、動き出す前提となる、本づくりの３パターン。テーマ先行か、著者先行か、育成か。この違いによって、当然ながら、書籍のつくりかたや著者とのコミュニケーション、本の売り方も全然違ってきます。

しかし、これらの違いが未整理のまま、ごっちゃになって走ってしまっている編集者は、少なくないかもしれません。

今回の仕事は、どのパターンで、どういうスタンスで臨むのか。自分自身が理解しておくことが、大切になります。

ちなみに私の編集経験の中で圧倒的に多かったのが、パターン1の「テーマ先行型」の本づくり。

なぜなら、私が以前在籍していたメディアファクトリーは出版社としては決して大きくない規模でしたし、歴史も浅く、大物作家を抱えられるような土壌もありませんでした。加えて、私自身も、自分の温めていたアイディアを面白がって描いていただけるような、新鮮な才能を持った方との仕事に向いていたので、パターン1が多かったのだと思います。

自分で考えたテーマの本が部数を重ねていく経験を一度でもすると、もう何度でも、その快感を味わいたくなるものです。

テーマの出発点は「自分の中のうっすらとした疑問」

テーマありきで作品を生む場合、編集者のテーマ発掘力がそのまま作品のヒットを決めるといっても過言ではありません。

当たり前ですが、「そうそう、これ知りたかった！」「今の私の気分に合っている」と本を手に取ってくれる人を引きつければ引きつけるほど、本はたくさん売れ、ヒットにつながります。

では、テーマをどうやって見つけていくのか？

私のやり方は、とにかく「人に会って直接話を聞く」ことが基本でした。

前提として、うっすらと私の中で「これって本当のところ、どうなんだろう?」「こういう問題って、どうやったら解決できるのかなぁ」といった〝疑問のタネ〟のようなものがモヤモヤとうごめいている、という状態があります。

いえ、決して大それたものではなく、「身長が低い人って、標準サイズの人たちよりずっと服選びに困っていそう。でも、それをフォローする雑誌は見当たらないな」「国際結婚って最近増えてるし、ステキな響きがあるけれど、本当のところどうなんだろう?」といった、ささやかな疑問です。


その疑問のタネを大切に脳内メモしておいて、折を見て、身近な友人や知人に投げかけ、リアクションを見ます。

人数はだいたい3人か4人くらい。友達や同僚、フラリと入ったネイルサロンのお姉さんなど。そんなに人数は多くなくても、〝属性の違う何人かに聞いてみる〟というのがポイントです。

反応は様々です。「私もそれ、気になっているんですよ！」とすこぶる食いつきがいい時もあれば、ほぼスルーされる時もある。

反応が薄い時にはついつい「こういう言い方をしたらどうかな？」と頑張りたくなりますが、あえてそれはしない。相手の反応のまま、素直に受け止めるようにしていました。

好反応が得られたテーマがあれば、次に会った人にも聞いてみる。また反応がよければ、次の人に。というふうに、自分の身近な範囲で対面リサーチを続けていきます。

そういったテーマを4〜5個、常に頭の中に泳がせておいて、いつでも引き出せる状態にしておく。

ふと思い出した時に、誰かに話して、反応を見る。

「紙にまとめて企画書にしてみる」こともせず、ただ頭の中で自由にフニャフニャ泳がせておくという感覚です。

平均して3カ月くらい、脳内でネタをゆる〜く育てていきます。

そしてある日、「そろそろまとめようかスイッチ」が入り、突然やる気が降臨して一気にカバーのラフ（下書き）を書き上げます。この時点で、すでにタイトルや表紙の絵柄、帯にいれる文言がほぼ固まっていることがほとんどでした。

ヒット作の共通点はカバーがスラスラ書けること

いくつも脳内に泳ぐ浮遊ネタの中でも、ラフに落とし込むまでに至るテーマとは、どういうものなのか。

自分の中にあった〝うっすらとした疑問〟で、かつ、周りの人たちも気になっていること。

世の中ではまだ明確に言語化されていないけれど、なんだか気になる……「モヤッ」とした現象。

最後は、「みんなもきっと知りたいはず！」と信じる直感です。

「よし、これは本になる！」と降りてきた時点で、一気にカバーラフを書き上げるという、編集者仲間から結構驚かれることがあります。

おそらく、世の中の編集者の大多数は「カバーは最後に着手する」というタイプなのだと思います。

なぜ最後まで引っ張るかというと、やはりそれほど重要だから。

カバーは本の顔であり、読者の第一印象を決めるもの。売っていただく書店さんにとっても、わかりやすくビビッドなものでなければなりません。

だからこそ、本の中身がしっかりと固まった後に、そのエッセンスを一言で言い当てるようなタイトルを練りに練り、そのタイトルに合う絵柄をデザイナーさんと決めていく。

そんな順序を踏むのが、業界の常識かと思います。

私の場合は、まったくの逆。

まず、タイトルとカバーの絵柄を明確に描くこと。それは、カバーの下部にぐるりと巻く帯に載せる文言やサブイラスト、裏表紙に入れる要素に至るまで、真っ白な紙1枚に、ぜーんぶこと細かく描いていきます。描いてるうちにワクワクしてきて、早く本の中身を作りたい！そう思えればもう、自分の中では7割完成してるようなものでした。

もっと言えば、最初にカバーがビシッと決まった本は、売れる！

より正確には、「ヒット作の共通点は、最初からカバーのイメージが決まっていた」ということになりますが、カバーイメージがヒットをつくる上でとても重要であることは明らかです。

カバーのイメージが明確であるほど、社内の関係者にも企画意図や本の内容がより伝わりやすくなって、巻き込みやすくなるという効果もあったと思います。

逆に、「いける！」と思ってラフに落とし込み始めても、途中でペンが止まったり、迷ってつっかえてしまったりする場合には、いったん保留に。「自分の中でまだまとめきれていない」と判断していました。

また、いったんカバーラフが固まれば、その勢いでコンテンツ（目次）を書いてみることもしていました。「このタイトルとカバーで、中にどんな内容が入っているとワクワクするかな」と思いを巡らしながら一気に書き上げます。それも出来たら、最後は台割（本のページネーション）。

ここまでを一気に貫徹できると、それはそれは気持ちがいい。

もう、事前の企画書は必要ありません。

例えば、書籍以外の商品でも、企画をゼロから練る時には、まずその〝顔〟となるビジュアルイメージを紙に書いてみることで、「誰に、何を伝えたいか」が明確になる気がします。

このメッセージを強く訴えられる顔をつくれるか否か。

その指標がヒットへの距離を確実に縮めるはずです。

詰め込みは禁物！「生き血を抜く」ようにつくれ

興味のあるテーマ。テーマに賛同してくれる作家さん。
ここが揃えば、本づくりはいつでも始められます。

自分の中の「知りたい」が出発点になっているので、どんどん発想は湧いて、作家さんもノッて来てくだされば、ネタがどんどん追加されていきます。

結果、想定していた以上に書きたい内容が広がって、「ああ、あれも入れたい、これも入れたい」と欲が出てきてしまう。ジャンルに限らず、ものづくりのあるあるではないでしょうか。

でも、ちょっと待った！

そんな時こそ、一番伝えたいことはなんだったか、もう一度立ち返ってみたほうがいいのです。

あれこれと詰め込み過ぎると、結局は全体がボヤけてしまい、焦点がブレてしまいます。結果、読者にとっても「結局何を言いたかったのか、わかりづらい本」になってしまい、満足感を得られません。

ですので、たくさん詰め込みたい欲をぐっと我慢して……。足し算よりも引き算！　そんな意識で、私は本づくりをしていました。

私が尊敬する脚本家・橋本忍さん（『七人の侍』『羅生門』『砂の器』など、戦後日本の名作を手がけた伝説のストーリーテラーです）は、原作のある物語を尺の限られた映画にリメイクする脚本化の極意として、このように語っています。

柵の中にね、牛が一頭いるんだよ。何日も何日もその牛を見に行くんだ。じーっと見ていて、ここが急所だ！　と思ったら、柵を開けて中へ入って、鈍器で一撃のもとに倒して、鋭利な刃物で喉を切って、頸動脈の血をバケツに入れて持って帰って、それで（脚本を）つくる。原作の姿形なんてまったく要らない。欲しいのは生き血だけ。やるんだったら、そういうふうにやるって言ったんだ。

――『脚本家・橋本忍の世界』（村井淳志）より抜粋

この一節を読んだ時は、衝撃でした。激しく感銘を受けました。

本質だけを見抜いて引き出し、本質だけで料理する。

まさに編集の仕事とはこれだと、感じます。


この考え方は、『レタスクラブ』の編集部でも、繰り返し伝えてきたことでした。

引き算するのは勇気がいるもので、ついつい「これもちょっと残しておこうかな」と保険をかけたくなるんですよね。

でも、実際にできあがったものを比較すると、総花的にならされた幕の内弁当的な誌面よりも、「うちの店の看板料理はこれ！」とメリハリを利かせて特徴を出した誌面のほうが、ずっと魅力的に見えます。

生き血を抜くように、編集せよ！

これは橋本忍さんから勝手に引継いだ、私のモットーです。

作家との付き合い方、信頼関係の築き方

コミックエッセイをつくりながら特に気をつけていたこと。それは、作品をいかに安心して作家さんに描いていただくかという点でした。

結婚生活や子育てなど、個人のプライベートを作品として表現するコミックエッセイは、作家さんにとっては自分の人生を世間に明かすような、勇気のいる創作。

フツーの感覚なら、「できるだけ自分の弱みや恥ずかしい面は、不特定多数の人に知られたくない」のが本音であるはずです。

かといって、いいところばかりを披露されても読者は共感しません。人間の本質にある

〝毒〟〝闇〟にこそ、人と人を引きつけ合わせるパワーがあると、私は確信しています。

しかも、コミックエッセイというゆる〜い世界に紛れるからこそ、そのギャップも相まって何倍も面白く感じられるし、絵の力でほどよく毒気を薄めてもらえるという効果もあります。

作家さんが安心して毒&闇の表現まで踏み込むには、どんなサポートを心がけるべきなのか。

私は「自己開示」「不安解消」「家族巻き込み」の3点に、特に注意を払っていました。

◯自己開示

脱いでください。いえ、その前に、まず私が脱ぎます。

そんなふうに来られたら、「えっ、あなた、本気なんだね」という気持ちになりませんか。

相手にさらけ出してほしいなら、まず自分からさらけ出す。これが基本です。

例えば、いまやコミックエッセイの人気テーマとなった「セックスレス」に関しても、「私の場合は……」という話を私からさらけ出すことで、最初は頑なだった作家さんも爆笑しながらだんだんと「たしかに、そういうの、ありますねぇ」とノッて来てくださいます。

そのうち作家さん自らがネタを披露するレベルまで到達すれば、もう本はできたも同然です。

◯不安解消

作家さんの筆がなかなか進まない時は、なんらかの不安や迷いを抱えている場合がほとんどです。

「ただひたすら待つ」という編集者もいるようですが、私の場合は、ひとまず聞いて一緒に解決していく派。

不安を感じている原因を聞き出して、それが解決可能であれば、一つひとつの問題点をほぐし、伴走していきます。

◯家族巻き込み

作家さんの不安要素として頻繁に生じるのが「家族との関係」です。私生活について描いていく上で、例えば夫や親といった身近な家族の理解が得られないのではないか……という不安を抱えるケースがとても多いのです。

そんな時も作家さんを一人にせず、私が表に立つようにしていました。ご家族に向けて、作品の趣旨を説明しご理解を求める手紙を書いたことも何度かあります。

「こういう思いで、どうしても○○さんにこのエピソードを描いていただきたい。つきましてはご家族としての了承をいただけないでしょうか」と、誠心誠意、お伝えするのです。

あるいは、作品を描き始める前の企画段階から、ご主人も一緒に食事をし、まず担当編集である私の考え方や指針について知っていただくことや、楽しくお話をさせていただいて安心感をもっていただくことを心掛けていました。

こうして信頼関係をつくった後であれば、「松田さんの希望であればどうぞ」と言っていただけるようになり、作家さんも心置きなく筆を動かせるというわけです。

息の長い作家に共通する「ヒデちゃん力」

「松田さんは話が面白いから、ずっと一緒に仕事をしたくなる作家さんが多いのでしょうね」と言われたことが、何度かあります。

私としては「自分の話は面白い」という自覚はないのですが、たしかに1対1で数カ月から長ければ年単位で一緒に本づくりをしていく相手の話がつまらなかったら……、やる気になかなか火がつかないかもしれません。

1冊の本が完成するまでには、何度も密な打ち合わせを重ねていきますので、相手から「また会いたい」と思ってもらえる存在になれるかどうかは、とても重要です。

これは逆の立場でも同じです。ずっと付き合いが続いている作家さんは、一緒にいて楽しい方ばかり。

また、作家さんの中には、「特に際立ったヒット作がなくても、長く活躍を続けていける方」を時折見かけます。

そんな方々に共通しているのは、「感情の起伏が少なく、いつも安定してコミュニケーションができる」「お願いした仕事は着実にこなしてくれる」「締め切りを必ず守る」といった、〝人としての基本姿勢〟が優れていること。

私は、これを「ヒデちゃん力」と名付けました。由来は、芸能界で息長く活躍を続けるタレントの中山秀征さんです。お会いしたことはありませんが、ヒデちゃんもスタッフや出演者、観覧者にまで気遣いを欠かさない〝安定力〟の高い方だという評判をよく聞きます。ですから彼は、長い間テレビに出演し続けられるのかなと勝手に推測しています。

信頼関係は単に相性だけの問題ではなく、相手の関心に合う話題づくりや、心地よく話をしてもらう〝聞く力〟のスキルアップなど、努力次第で改善できる部分も大きいのではないでしょうか。

私もまだまだ会話術を磨かないとなりません。

編集担当変更のメリット

書籍編集は、作家と編集者が長〜いお付き合いを重ねていく世界です。

ただし、部署異動や転職などやむを得ない事情で、「担当の変更、引継ぎ」が起こることがあります。

作家さんにとっては慣れ親しんだ担当者が代わるのは、非常に不安を感じることなのだそうです。

しかし、私は必ずしもマイナスばかりではないことを実体験から学びました。

『150cmライフ。』などのヒット作を一緒に手がけ、私を慕ってくださったたかぎなおこさん。私の産休をきっかけに、後輩に担当を引継いだ結果、不安を感じていらっしゃる時期がありました。しかし、しばらくすると、人間関係の変化によって作品にいい効果が生まれていることに気づいたのでした。

たかぎさんにとって私は〝見出してくれた編集者〟なのでおそらく恩義を感じてくださっており、作中で私をディスるようなことはしません。しかし、新たに担当になった後輩女子との関係は立場逆転。たかぎさんのほうが経験豊富なので、いい意味で、自由に振舞える雰囲気が出てきたのです。

これまでホンワカした世界観だったたかぎさんの作品に、そこはかとなく自由で明るい毒が混じってきたのを発見した時には、「おおっ！　これは私が到達できなかった領域!!」と感動しました。

ともすると、作家を抱え込むことで自分の存在価値を確かめたくなる編集者は少なくないと思います。

私自身にもそういう部分がありましたので、「手放すことは作家さんにとって益になる」という発見は、当時の私を少しは成長させてくれたと思います。

ちなみに、この後、たかぎさんは結婚・出産を経て子育てをテーマにした創作にまで表現を広げられるようになったため、再び、子育て経験のある私が担当に舞い戻るという展開となりました。

コミックエッセイは作家の実生活と深くリンクするジャンルなので、「作家のライフステージの変化によって最適な編集者がつく」という柔軟なスタイルが合いそうだということもわかってきました。

編集者にとって最大の喜びは、作品がより面白くなること。それは作家さんも同じはずです。

「編集者と作家の関係はこうあるべきもの」という固定観念は横に置いて、その時々で最適な関係を見つけていくのが、これからの時代にも合うのではないかなと、私は思います。

第2章
編集者以前、編集道修業、九州から東京へ

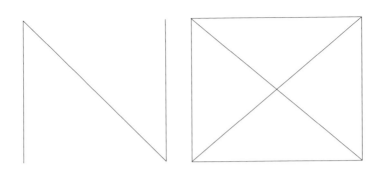

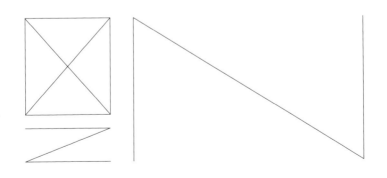

ジャッキー・チェンに憧れて

そもそもなぜ私は編集者を目指そうと思ったのか？

答えを一言で表すなら、「ジャッキー・チェンが好きすぎたから」と答えます。

順に説明します。

まず、私が生まれたのは、父はサラリーマン、母は美容師というフツーの家庭。いや、「フツー」というにはちょっとおこがましい。経済的には決して恵まれていたわけでなく、幼い頃は結構な貧乏暮らしをしておりました。

当時の詳しい様子については、姉・奈緒子（この本のカバーイラストを担ってくれた漫画家です）の『スラム団地』という作品に詳しいのですが、いわゆる「文化的な生活」とはかけ離れた環境で私は育ちました。

物心ついた時に家の中にあった本といえば、父が愛読していたエロ本と釣りの本、母が唯一定期購読していた雑誌『美しい部屋』くらい（ちなみに『プレイボーイ』の日本版は創刊号から家に揃っていましたし、なんならプレイメイトのヌードポスターが部屋に貼ってありました）。

子どもだったので図書館に本を借りにいくという知恵はなく、とにかく活字に飢えていたことを思い出します。

そのうち5歳上の姉が漫画を描くようになって、家にも漫画が置かれるように。小学生の頃から萩尾望都《はぎおもと》先生の作品に触れていたのは、今思えばかなりの英才教育を受けていたと、姉に感謝しています。

小学5年生のある日、その出会いは突然やってきました。

何気なく見ていたテレビに映っていた香港のスーパースター、ジャッキー・チェン！たしか、主演映画『プロジェクトA』の番宣も兼ねた、1時間半くらいのドキュメンタリーだったと思います。

その時初めてジャッキーを知った私ですが、そのキュートな笑顔、そして超絶カッコいいカンフーアクションにすっかり打ちのめされてしまいました。姉と一緒に映画も観に行き、すっかりどハマり。

とはいえ、当時はネットもない時代。恋い焦がれるジャッキーとの距離を縮めるには、洋画雑誌を買うしかなかったのです。

今はなくなってしまいましたが、当時人気だったグラビア系洋画月刊誌『ロードショー』(集英社)を貪《むさぼ》るようにめくって、憧れを募らせる日々。

記事には、香港で取材したインタビューが毎号のように載っていました。それを読みながら、スタッフクレジットに名前が載る編集者のことが、私はうらやましくて仕方がなかったのです。

「この人いつも香港に行ってジャッキーに会ってる……。私も会いたい。そうか、『ロードショー』をつくる人になればジャッキーに会える!!」

当時から単純な私の脳。

以後、私の将来の夢は『ロードショー』の編集者になる(=ジャッキー・チェンに毎月会う)」に決定したのでした。『ロードショー』を発行している出版社は集英社だったので、目標は「集英社の編集者になる」に定まりました。

しかし、出版社に入るということは、大学を卒業していなければ難しい。私の両親はどちらもまったく教育に関心がなく、私に対しても「高校卒業したら地元の小さな会社の事務に就いたらよかたい」という考えの持ち主でしたので、大学に進学する、という私の思考回路が理解できない。

私はなんとか大学進学を許してもらうための作戦を練りました。

「私、小学校の先生になりたいけん、大学に行かせて！」

一体どこからそんな嘘が出てくるのでしょう。しかし、我が親を納得させるには、「先生になる」という大義名分は最強だったのです。

うっかり先生になるところだった!?

めでたく両親の承認を得て、山口県内の大学に進学した私は、「先生を目指す女子大生」というていで、児童文学や幼児教育を学び、田舎独特ののびのびしたキャンパスライフを過ごしました。教員免許取得を目指す周りの友達に交ざって、ジャージ姿で、鉄棒の逆上がり練習に汗を流したり（小学校の先生を目指すには通らなければならない試練です）、サークルでは子どもたちと一緒に遊びまわったり。

そんな毎日に没頭しているうちに、私はすっかり本来の目標を忘れてしまいました。自己暗示って怖いですね。「先生を目指すために大学に行く」と親を説得するためについた嘘に、自分が騙されてしまうなんて。

「やる！と決めたことに行動が伴う」ということを、私はこの時、知った気がします。

免状に必要な単位を取って、教員免許取得へと突き進む21歳の私。

しかし、三度のステップを経て、私は〝本来の夢〟へと引き戻されることになるのだから不思議です。

一度目は、免許取得に必要となる「教育実習」。たまたま私の指導役になった先生が〝世間知らずのお山の大将〟系で、まだあどけない子どもたちにも偉そうに振る舞う姿を見て、げんなりしてしまったのです。

加えて、職員室の雰囲気がどうも苦手で、「なんかずっと管理されている気がして息苦しいなぁ……。ここで毎日働く生活、私には合っていないかも」と、ぼんやりと違和感を抱いたのを覚えています。

二度目は、いよいよ先生になるための教員採用試験を受けに行った時のこと。小学校の先生になるために、鉄棒の逆上がりをマスターした私でしたが、残念ながらピアノはからきしダメ。

ピアノが弾けなければ試験は通らないとわかっていたのに、結局、上達しないまま丸腰で行って、トライしたのです。

面接官の先生から「では、バイエルの8番を弾いてください」と言われても、「いいえ、弾けません」と言い張る私。面接官のほうが焦って、「あなた、自分で何を言っているか、わかっているの？　ここで『弾けない』と言ってしまったら、落ちてしまうのよ。とりあえず鍵盤の前に座ってやってみなさい」と私を励ますという展開に。それでも、弾けない事実はかわらない。結果、見事に落ちました。あの時励ましてくれた先生、ありがとうございました。

合否の結果を待つ間、「はぁ〜、落ちるのはわかっているんだけど、これから就職どうしようかなぁ」と、大学の講義を受けながら考えていた時。突然、三度目の揺さぶりを体験したのです。

「あなた、編集者になりたかったんじゃないの？」

私の耳元で誰かがささやく声が聞こえて、パーッと世界が明るくなって……。誰に言っても信じてくれないのですが、あれは絶対に〃神の啓示〃。もしかしたら、過去の私がやってきたのかもしれません。

そうだった！　私がなりたかったのは先生じゃない。雑誌の編集者だった！

ようやく思い出した瞬間、ジャッキーの笑顔が私の頭の中を埋め尽くしました。が、『ロードショー』に限らず、雑誌や本のつくり手になれる編集者になれれば幸せだ」という考えを持てるくらいに、私は大人になっていました。

よし、私はこれから、編集者を目指すぞ。

進むべき道は定まりました。

初めて話します、私の「リクルート以前」

神の啓示のまま、進路変更を決断した21歳の私（ちなみに、「神の啓示」はこれまでの人生で三度ありました）。

いざ、出版業界へ！

と、鼻息を荒くして勇んでみたものの、時はすでに大学4年の夏。主だった企業はほとんど採用活動を終えていました。

その頃は東京で働くなんてまったく思いもせず、頭の中にあったのは、九州に戻って就職するプラン。九州で出版業といえば福岡がほぼ唯一の選択肢になりますが、全国に流通する雑誌や書籍をつくっている会社はありません。福岡市内や県内、最大でも九州エリアをカバーしているタウン誌やフリーペーパーをつくっている会社をひたすら探すことになります。

一番メジャーなのは『シティ情報ふくおか』という月刊誌でしたが、その会社もすでに募集は終了。そもそも超就職氷河期で、募集する会社自体が少なかったのです。

どこかないかな……と目を凝らして探していると、小さな求人広告記事で1社発見！　オフィス向けフリーペーパーを発行しているAという会社が募集していたので、飛びつきました。

試験を受けに行ってみると、私の他にも3人の女子学生が受けに来ていました。てっきり筆記試験や面接があるものと思っていたら、「試験はありません。その代わり、これから実際に営業に行ってもらって一番多く契約を取ってきた人を採用します」という説明が。その会社は、発行するフリーペーパーの配布先を獲得するのに、就活生を無償で働かせようとしていたのです。今なら完全NGの、超ブラック！

しかし、ピュアでマジメな私は「よっしゃ！」と張り切って目に付いたビルを次々に攻め、2日間で200件近くの契約を取ってしまいました。もちろん、断トツトップの成績。「なぜ200件も取れたんですか？」と聞かれても、「根性です」としか答えようがありません。

ということで、アッサリとA社から採用通知をいただけたわけですが、この採用試験の内容から「入社しても結局は営業やらされるだけで、記事を書いたり編集したりする仕事はできないんだろうな〜」と、すでに失望の中にいました。

そんな胸の内をポロポロ明かしていると、同じ試験に挑んで仲良くなった子が「実は私、他の会社からも内定もらっていて、そこは記事を書けそうだよ〜。『もう一人欲しい』って言っているから、受けてみたら？」と教えてくれたのです。

そのB社は、知る人ぞ知るタウン誌を発行している会社でした。A社が発行しているフリーペーパーよりも厚さがあり、特集面もあり。何より、無料ではなく「読者からお金をいただく雑誌であること」が決め手でした。

ここならきっと編集者っぽい仕事ができる！

そう思って入社を決めて働き始めたものの、蓋を開けてみれば、やっぱり仕事の大部分は営業。発行していたタウン誌はその誌面の多くを7～10センチ四方の広告記事で占めていたので、地元の理美容室や飲食店から広告の受注を取って、ご要望通りの紹介コピーをまとめることが、私たち制作部隊に課された仕事でした。

一応特集ページはあるので、「博多の銭湯めぐり！」「直行船ビートル就航！韓国特集」とか企画は出してみるのですが、新人の私にはまったく書かせてもらえず……。

燃料は充分あるのに火をつけてもらえないようなもどかしさで、私のやる気はすっかりしぼんでいきました。

かつ、職場では、社長と編集長がたびたびヒステリックな怒鳴り合いをしていて、精神衛生上もあまりよろしくない環境でした。

「ここに長くいてはいけない」

そう心に誓う決定打として、忘れられない出来事があります。

私がお世話になっていた器のギャラリーの女性店主の方を紹介する記事を書いた時のことです。

私は張り切って取材し記事を書き、店主もとても喜んでくださいました。お役に立てた気がして、本当にうれしかった。

ところが後日、ご挨拶に伺って発行後の反応を聞いてみたところ、店主が教えてくださったのは「記事を読んで来てくれたという人は一人もいない」という現実でした。私の記事を読んでお店に来てくれた人は、一人もいなかった。愕然。ショック。

あんなに丹精こめて、職場で飛び交う怒鳴り声にも我慢して、一生懸命書いた記事なのに、誰も読んでくれていない？　一体、私の仕事って何なんだろう？

実際、そのタウン誌の発行部数は当時2000部ほどで、その中でも売れているのは

200部くらい。毎月最新号が出ると、自分たちで書店を回り、売れ残った前号を引き取って最新号と交換するのですが、1冊も減っていない時もありました。

いくら広告を収益の主体とする雑誌とはいえ、読んでもらえない記事を書き続けることに、私は限界を感じました。

誰か一人でもいい。

人に読んでもらえるもの、楽しんでもらえるものをつくりたい。

その渇望を思い切り味わった1年。それが、私の社会人1年目でした。

私の職歴といえば、九州のリクルートから紹介されることが多く、華やかなキャリアだと思われがちなのですが、本当のスタートはこの「コンプレックス体験」から。

この時の悔しさが巨大なバネとなって、後の私をビューンと跳ね上げてくれたことは間違いありません。

今でも当時の悔しさやみじめさをまざまざと思い出すことがあります。それくらい、忘れられない体験でした。

あわや無職⁉ 首の皮一枚でつながった編集者人生

ここにずっといちゃダメだ！もっと人に読まれる記事をつくれる編集者になりたい。そんな強い決意で、入社から1年半で転職を決意した私。

当時、リクルートが九州の拠点として福岡・天神に置いていた事業所が、旅行情報雑誌『じゃらん九州発（以下、じゃらん）』の新規スタッフを募集していると聞き、すぐさま応募しました。

ペーパーテストをなんとか乗り切り、面接でもなかなかいい調子。よし、受かった！絶対行ける！と確信し、さっさと会社に辞表を出したのでした。……さあ、来月から天神勤務かあ～なんて調子こいてたら、なんと不採用通知が。

いつもの根拠のない自信で受かる気満々だった私は、ただただビックリ。気づけば人事担当者に電話を入れ、「あの、よろしければ、(私を差し置いて)どういう方が受かったのか教えていただけませんか」とジリジリ迫ってました。

電話口の人事担当者は丁寧に答えてくださいました。「松田さんも本当によかったのでぜひ採用したかったのですが、もう一人の男性が韓国語が堪能だということで、海外マーケットでも即戦力になる人に来ていただくという判断がありました」

そうか……。韓国語は私はまったくしゃべれない。仕方ないか。諦めがつき、電話を切りかけると、今度はリクルートの方が「でも、松田さん」と話を続けました。「営業職の採用枠はまだ空いているんです。よかったら、営業として入社しませんか?」

単に職を得るためだけなら、お誘いのまま渡りに船とばかりに入社したでしょう。でも、私は編集の仕事がしたくて転職活動をしているのだから、やっぱり仕事内容にはこだわりたいと思い、お申し出はお断りしたのです。

電話を切って、ハッと我に返りました。

私、無職じゃん!

冷静になって気づいたのは、ヤバい現実でした。こういう時、甘えたくなるのが実家です。長崎に電話して、転職活動が足踏み状態になったことを報告して、言ってみました。「やけん、いったん、長崎に帰っていい？」と。

するど、母はすかさず、「なんで帰ってくると。帰ってこんで！」

……へ？

「職がないあんたに帰ってこられて家でゴロゴロされたら、うっとうしいけん。帰ってこんで」

母は生粋の天然キャラ。娘の自立のために心を鬼にして……というほどの思いはきっとなく、ただ単に、本当に面倒臭かったのでしょう。

逃げ道を閉ざされた私は、腹をくくって明日から食いつなぐ術を考え、「よし、とりあえずフリーライターとしてやるしかない！」と方針を決めました。

その日かその翌日だったか、出かけ先からアパートに帰宅すると、部屋の奥でピコピコと点灯する赤いボタンが目に入ってきました。
そのピコピコは、固定電話に留守電のメッセージが入っているという印。携帯電話がない時代の貴重な伝言手段でした。

これはきっとリクルートからの電話に違いない……！

なぜかそうピンときた私は、（これが2回目の神の啓示です）念を送るようにギュッと指に力を込めてボタンを押すと……、ビンゴでした。電話の主はリクルートの人事担当者で、「例の韓国語男子は大手新聞社に入社を決め、辞退されました。つきましてはぜひ松田さんに来ていただけないでしょうか」というメッセージだったのです。なんとラッキーな！「喜んでお受けいたします」とすぐに返事をして、めでたくリクルート入社が決まりました。
不採用を食らい、母に拒否られ、また呼び戻され。この間、3日ほどの出来事でしたが、なんとか首の皮一枚で私の編集者人生はつながったのでした。

「給料は正社員の1／3でも、刺激と学びが最高のボーナス！」

リクルートに入社して『じゃらん』編集部に配属された私。といっても、待遇は正社員ではなく、マンスリーアルバイターと呼ばれる契約社員でした。

社会保険はかろうじてあるけれど、給料は正社員の約3分の1くらいだった記憶が。それでも仕事内容自体は正社員とまったく変わらない、当時はそのような状況でした。

不公平感に我慢できずに辞める人も少なくありませんでしたが、私はまったく気にしていませんでした。

なぜなら、今さらどう頑張ったってリクルート正社員になれるわけはないのだから。それに何より、不満を持つ暇がないほど、仕事が楽しかったから。私にとってはその刺激や学びが、何よりの〝報酬〟でした。

フロアにズラリと並ぶ、『じゃらん』『ゼクシィ』『ケイコとマナブ』といった各誌の編集部。それらを取り仕切るデスクや編集長は、東京のリクルート本社からやってきた精鋭ばかり。当時はまだリクルートグループがホールディング化する前で、各誌が個性豊かで勢いのある時でもありました。

九州のゆる〜い文化で育った私にとって、東京組の先輩方がまとう洗練された風は刺激的で、話がバツグンに面白い。たたき上げで鍛えられたエネルギッシュな姿勢に触れるたび、私のやる気もガンガン点火されて燃え上がっていきました。

時代は「働き方改革以前」ですから、毎日夜10時、11時までワイワイ働くのが当たり前。仕事の後は屋台に繰り出し、ラーメン食べてイモ焼酎を飲んで。そして、また会社に戻って夜中の2時まで仕事。明け方に家に帰って、翌朝10時出社し、またモーレツに仕事をする。

そんな生活に一気に染まっていきました。

リクルートでの3年間で叩き込まれた、編集の基礎

リクルートに入って最初の上司にも恵まれました。編集の基礎は、当時の『じゃらん』九州版編集長に叩き込まれたといっても過言ではありません。

当時の編集長は、強烈なこだわり派。象徴的なのは毎号のタイトル会議です。昼の13時から夜の20時まで、部員全員で延々とタイトルを練るという、なかなかハードな根性試しがルーティンになっていました。

ここで雑誌ができるまでの流れを簡単に説明しておきましょう。

企画会議で特集のテーマが決まると、各特集の担当者が取材先を決め、アポイントを取

り、取材をして、記事に必要な情報や素材（写真や図解に使うイラストなど）を集めます。素材がひと通り集まったら、それらがわかりやすく読者に伝わるように、デザイナーと相談しながらレイアウト（タイトル・本文や写真・イラストの配置）を決め、オペレーターさんや印刷所とのやりとりを通じて、「ゲラ」と呼ばれる試し刷りを何度か修正しながら、完成形へと近づけていき、「校了」となります。

このゲラを修正するやりとりのプロセスに、編集者や編集長のこだわり具合が表れます。最初のゲラ＝初校を編集長に見せると、たいていは真っ赤になって返ってきました。特にタイトルや小見出しは原形をとどめないほど真っ赤っか。「こんな写真じゃ伝わらない。差し替え！」という指示も日常茶飯事でした。

大直しを食らわないようにと考えるのですが、最初は何をどうしたら面白い記事になるのか、わからなくて戸惑うばかり。

入社して間もない頃、私が提出したゲラを一読するや、編集長から冷ややかに言われたことがありました。

「どっかから取ってきたようなピーアールみたいな文章読まされたって、つまらない。もっと松田の言葉で書かないと」

言っている意味がよく理解できませんでした。なぜなら、取材先が「こう載せてほしい」と希望する通りの内容をきれいに整えるのが編集の仕事なのだと、その頃の私は思っていたからです。

「編集っていうのは、自分が〝面白い〟と心底思ったことを第一に、わかりやすく伝えるのが仕事なんだぞ」

編集長の言葉は目からウロコで、思わずこんな言葉が口をついて出ました。

「本当に、私が面白いと思ったことを書いて、それが印刷されていいんですか……?」

この私のリアクションに、編集長は「こいつ、マジで基礎から教えないとダメだ」と思ったのでしょう。懇々と「編集とは」と説明をしてくださいました。

「主観で勝負せよ！」

私が面白いと感じることを、そのまま伝える。

誰かに言われた通りにやるのではなく、〃主観で仕事する〃というスタンスへ。

この切り替えは、とても大きなターニングポイントになりました。以来、私は取材先で「面白いこと探し」を真剣にやり始めました。

当時、九州エリアの情報雑誌といえば、『九州ウォーカー』が創刊されるなど、ライバルも勢いを増していた時期。ありきたりな内容では読者に愛想をつかされてしまうので、独自の切り口を生み出し続けなければなりません。

編集長の口癖は「〃笑いと驚き〃のある記事を作れ」。例えば、黒川温泉など名湯の宿を取り上げる時、フツーに取材しただけでは、すでに見聞きしたことがあるような情報しか載せられません。でも、ちょっと視点を変えるだけで、意外なほどに新鮮な切り口が生まれるものなんです。

取材の報告をするたび、編集長が私たち部員を質問攻めにしていたのは、〃笑いと驚き〃を発掘しようとしていたからなのでしょう。

「黒川温泉に着いてまず何食べた？」

「えーっと、たしかソフトクリーム食べました」

「ほう、どうだった？」

「すっごく美味しかったです！　地元の生乳をたっぷり使った、そこでしか食べられないソフトクリームで……」

「それだ！　載せるならそっちのほうがダンゼン新しい！　写真撮ってきたか？」

「!!」

そんなやりとりから、「黒川温泉の絶品ソフトクリームを食べに行く旅」といった斬新な特集が次々と誕生していきました。

黒川と言えば１００人が１００人温泉を訪れます。それを、ソフトクリームネタに変えてしまうのですから。

ネタは細部に宿る。しかも、宿のご主人が「こんなのうちらにとっちゃ何てことないことだけど、そんなに面白いのか？」と首をかしげるような、〃未開の魅力〃を発掘するのがたまらない。思い切り主観に依《よ》った企画を立てる面白さを、私はジワジワと覚えていきました。

もちろん、最初から自分の主観に自信があるわけではありません。「私が面白いと思うことは、読者のみなさんにとっても面白いんだろうか？」という不安は、いっぱいありました。

誰だって怖いと思うんです。自分の主観をさらけ出すことが。それは新米編集者だった当時の私にとっても、かなりの勇気を要することでした。

でも、さらけ出してみないと、それが合ってるか間違っているか、わからない！とりあえずアイディアを出してみると、誰かが反応を返してくれる。「すごくいいね！」と褒めてもらえることもあれば、「全然ダメ」と一蹴されることもある。あるいは、「私はこっちが面白いと思っていたんだけど、あなたの面白がりポイントはそっちなの？」みたいな発見がある。

その繰り返しで、なんとなく〝面白さの精度〟みたいなものが磨かれていくんです。

だから、「とにかくアイディアは出し惜しみしないほうがいいよ」と後輩にも伝えてきました。

初めての入稿で40度の知恵熱

初めて受け持ったページは忘れもしません。「イチゴ狩り」を特集した企画の中のたった1ページ。

たった1ページでも、私にとってはオオゴトで緊張の連続。無事に入稿完了した直後、緊張から解放された反動で40度の熱を出して早退したんですから、我ながら「当時の私は可愛いなぁ」と思ってしまいます（笑）。

熱を出すほど緊張していたのには、理由があります。

まず、「すぐに役立つ人間にならないといけない」という焦りがありました。

というのも、そもそも私は韓国語堪能男子が辞退をしたから入社を許された〝繰り上がり採用の新人〟。実力を認められたわけではないのです。なんとか早く「こいつは使える」と思ってもらわなければ居場所がなくなる！とプレッシャーを募らせていました。

プレッシャー要因は、もう一つありました。私と同時期に入った営業女子Dちゃんの存在です。美容業界から転職してきた彼女は美人で頭の回転が速く、機転と華やかさがあって、瞬時に社内の人気者に。

先輩たちから「Dちゃーん」とファーストネームで呼ばれてチヤホヤされている彼女を横目に、出社初日から萎縮していた私は全然目立たず、なかなか存在を覚えてもらえない。

悔しい……。さみしい……。私はもっとハジけられるのに！

しかし、その時はついにやってきました。私が舞台に上がれる時――新入社員歓迎会。その夜に用意されたカラオケステージで、私は全力で歌い、踊り、一気に有名人へとのし上がることができたのです。

ステージとは「呼ばれたら上がるもの」

新入社員歓迎会のカラオケステージでTRFのダンスナンバーを熱唱し、踊り狂った私の武勇伝はあっという間に広がり、以後、社内のいろんな飲み会に呼ばれるようになりました。

そして現在に至るまで、「松田紀子はステージで花開く」というイメージは定着し、私の重要なキャラクター要素になっています。

そういった実情から、「松田さんって、歌ったり踊ったりするのが本当に好きなんですね〜。得意なんですね〜」とよく感心されるのですが、正直、得意でもうまくもありません。「苦にならない」からやってる、という程度であって、それをやることで社内で顔が広くなったり、楽しい宴会に呼ばれたりする、というメリットを感じられたから続けてきたという感覚でしょうか。

ステージに呼ばれたら、すぐに上がる。「前に来て！」と言われたら、すぐ前に行く。まごついちゃあ、いけません。

特に女子は遠慮なのか恥ずかしがっているのか、まごまごして後ずさりしがちですが、私はその時間が「ムダ」と感じてしまうタイプ。むしろ、まごまごしているほうがみっともない。

当時は私も独身でしたし、飲み会には積極的に顔を出していました。もちろん向いていないなら無理をしないでもいいと思いますが、ある程度の「ノリの良さ」って、仕事をする上では大事だと私は思います。

もしもこれを読んでいるあなたが身軽で自由がきく立場で、人と関わるのが億劫でないのだとしたら、「まごまごせずに、何にでも顔を突っ込んじゃえ！」と言いたいですね。

そんな思考パターンは、仕事のチャンスが舞い込んできた時の私の行動にも通じるのかもしれません。

あだ名は「ジョン」。呼ばれたら駆け寄っていきます！

『じゃらん』編集部時代に気に入っていた社内慣習の一つが、ニックネーム制度。『じゃらん』では編集者やライターが自らモデルになって写真に写ったり、署名記事を書いたりすることも多かったので、ニックネームを決めて誌面用に使うほか、普段の呼び名にもしていたのです。

「好きなカタカナと苗字を組み合わせて、〝○○松田〟というニックネームを決めておけ」と命じられ、パッと浮かんだのは「トラボルタ松田」！

当時ハマっていたハリウッドスターのジョン・トラボルタが由来です（あれだけ憧れたジャッキー・チェンはもう卒業しておりました）。

ときめきながら提案したのですが、「トラボルタは5文字で長過ぎる。ジョンでいいよ、ジョンで」とやっつけで付けられる羽目に。

この日から、私は社内で「ジョン」と呼ばれるようになったのですが、この軽～い愛称がなかなかよかったのです。

人よりも肩幅が広く、声が野太い私は、時には相手に〝圧〟を感じさせてしまうことも多いと自覚しているのですが、「ジョン！」と呼ばれるとつい尻尾を振って飼い主に駆け寄る犬のように「はいはーい！」と返事をしてしまうので、よりフレンドリーにスムーズに、人間関係を築けるように。

社内ニックネーム制度、おすすめです。

ちなみに、この「ジョン」というあだ名は、後にメディアファクトリーに移ってからは封印されていたのですが、最近復活しました。

ここ2年ほど通っている社会人向けの学びのコミュニティ（詳細は追って）でも、「年齢・役職関係なく、あだ名で呼び合う」のがルールだったのです。

初回の自己紹介で、『レタスクラブ』が連続完売になったというエピソードを話すや、

「じゃ、松田さんのニックネームは〝カンバイ〟だね（笑）」と言われた時には慌てました。ノリのいい私もさすがに「カンバイはプレッシャーが募るのでやめてください……。そういえば、昔、ジョンと呼ばれていました」と逆提案。十数年ぶりに「ジョン」復活となりました。

懐かしいニックネームですが、20代の若手編集者だった頃とはまた違うメリットを感じています。

これまでの肩書きや実績が肩に乗っかった今の私も「ジョン」と呼ばれれば、ただのジョン。ジョンと呼ばれるだけで、あの頃のガツガツと学びの意欲に溢れていた自分に戻れるのが、なんだかうれしい。

そして、うんと年下の女の子からも「ジョン」と呼ばれてフラットに話せる。そんな人間関係をつくれるのが、とても心地いいなと感じています。

余談。もしも、私のジャッキー・チェン熱がずっと続いていたら……、きっと私は「ジャッキー松田」と名乗っていたでしょう。だとしたら、ちょっとプロレスラーみたいなキャラになっていたかも（笑）。

オリジナルの仕事をつくる視点

笑いと驚きを求めて、独自の視点で記事をつくる。その姿勢を叩き込まれてからの私は、どんどん編集の仕事に夢中になり、半年も経つ頃にはヒット企画を生み出せるようになりました。

とにかく、まだ誰もやっていない、オリジナルの見せ方で読者を楽しませようと、知恵を絞っていました。

例えば、「福岡のホテルビュッフェ特集」を任された時。福岡市の主要ホテルのビュッフェメニューは、グルメ好きの読者はすでに知っていますし、フツーに紹介するだけなら、他誌でもさんざんやっています。

ならば、これでどうだ！と考えたのが、ビュッフェメニューを〝図解〟する誌面。一見何があるのかわかりにくいビュッフェメニューの料理を、どんな素材でどう調理されたものなのか、一つひとつ写真から引き出して解説するという、マニアックな見せ方をしてみたのです。

小さなコーナーにビッシリと写真と文字が詰まり、異様な存在感を放っていたと思いますが、これは私自身が「ビュッフェメニューって、美味しそうなんだけど、他のホテルとの違いがわかりにくいなぁ」とモヤモヤしていた不満から生まれたものでした。

他にも「イケメン店員のいるケーキショップ」というかなり独断に偏った特集もやりました。ケーキの味は二の次で、イケメンを紹介するのだから、本末転倒でしたが、これも好評でした。「イケメンに会いたい！」という素直な気持ちに従った結果、生まれた企画です。

そうやって自分の主観のままに企画を考えていった結果、読者支持率ナンバーワンを取れるようになり、私は編集者としての自信をつけていきました。

今思えば、第1章で述べた「自分の感性が時代の波にうまく乗れた」ということだったのでしょう。

厳しくも愛と笑いのある環境で、夢中になって編集道を駆け上り、リクルートでの3年間はあっという間に過ぎていきました。

女・独身27歳、いざ東京へ！

『じゃらん』編集部に来て3年目が過ぎようとしていた頃、私はなんとなく「次」を考え始めていました。

相変わらず仕事は面白く、社内MVPを連続受賞したりと、結果もしっかりついてきていました。でも、旅行情報誌の宿命である、春は花見、冬は温泉、などと3回季節が巡ると、どうしてもテーマがマンネリ化してしまいます。私は『じゃらん』編集部で採用された契約社員だったので、他の編集部に移るというキャリアコースもありません。どれだけ結果を出しても、正社員にはなれないんだよなぁという、頭打ち感もこの頃には感じるようになっていました。

もしも私が底なしの旅好きだったとしたら、「ずっと旅行雑誌をつくっていたい！」と思ったかもしれません。実際、先輩の中には、暇さえあれば各地に出かけるような旅好きがたくさんいました。「週末にあの宿に泊まってきたよ〜」と楽しげに話す先輩からお土産のお菓子を受け取りながら、「私はここまでの旅好きではないなあ」と、ぼんやりした劣等感を持つようになりました。

ならば、もっと好きになれるテーマに向き合って働ける場所に行きたい。そう思っていた矢先、突如「東京行き」という選択肢が浮上したのです。

きっかけは、東京本社から時々やってくるエライ人、Yさん。当時は、リクルートの書籍出版部門として独立して、ポケモンブームに乗って成長したメディアファクトリーの役員でした。私の上司だった編集長の元上司だったので、Yさんからすると私は〝孫弟子〟のような感覚だったのでしょう。

アドバイザーとして交ざってくださった企画会議で、前述のホテルビュッフェの誌面を見つけて、「これ、つくったの誰？　ジョンか。これすごくいいね！」と最初にベタ褒めしてくれたのもYさんでした。

褒められると、ジョンはすぐ懐きます。Yさんの出張のたびに、好みの店を予約するなどして、仲良くしてもらいました。

そして、Yさんから書籍編集の仕事がどんなものなのかを聞いているうちに、だんだんと興味が湧いてきたのです。

雑誌の編集部では、どれだけ自分が担当した特集がヒットしても、結局功績は編集長のもの。社内で評価されたとしても、社外ではそれほどのアピールにはなりません。

一方で、編集者が自分一人でプロジェクトを進められる書籍は、いわば〝個人競技〟として自分の力を磨けそうだな、と希望が見えてきました。

東京の手練《てだ》れの編集者の中で、自分の力を試してみたい。そんな野望がどんどん膨らんでいきました。

何気なく、「東京でチャレンジしてみたい気持ちも少しあるんです」とYさんに伝えると、

「ぜひ来たらいい」という心強い後押しが。

もうその一言で、私は次の行動を決めていました。


私、東京に行く!!!


その意志はバッチリと私の前頭葉にセットされ、上京に向けての準備を始めました。

周囲の反応は総じて「反対」。なぜなら、九州では女性の27歳というと、もう結構な年齢だと見なされます。「ハタチの決断ならわかるけど……、あんたもう27歳やろ? 大丈夫ね?」、そんな心配の声をずいぶんと浴びました。「メディアファクトリーは結構経営ヤバいみたいよ。行ったら大変な目に遭うかも」と私の行く末を案じる人もいました。

でも、もう私の心は決まっていたし、「九州の『じゃらん』でやれることはやり切った!」という達成感もありました。

松田紀子、27歳、独身で単身上京。2000年の秋でした。

書籍編集者になるも、半年であわやリストラ!?

周囲の反対を振り切って、意気込んで東京へ飛び立った私。リクルートの書籍出版部門が独立した会社、メディアファクトリーへと転職を果たしました。

しかしながら、書籍編集はまったく経験のない分野。すぐに役立てる即戦力とはなりません。

右も左もわからない私に最初に与えられた役割は、大物漫画家・けらえいこさんの担当！もともと担当していた先輩が育休に入るという理由で、なぜかこの私に回ってきたバトンでした。

当時のメディアファクトリーの売り上げの大半を支えていたけらさんを担当するという

大役にかなりビビりましたが、とりあえずけらさんの創作を邪魔しないよう、雑用をこなすことに徹しました。

大先生であるけらさんと二人三脚で本づくりをする力量など、私はこれっぽっちも備えていません。先輩から引き継いだ小さな仕事をポツポツやってはいたものの、書籍編集の何たるかを習得する機会をなかなか得られないまま、１カ月、２カ月……と時が過ぎていきました。

入社して半年経った２００１年３月のある日、今でも忘れません。社内に激震が走る大号令が発せられました。

「業績立て直しのためのリストラを実施する。社員を半分に減らす」

えーーー！！！私、来たばっかりなのにぃ〜！

九州を出る時に、同僚たちが私に伝えた不安はまさに的中。教育系やゲーム系の周辺事業はどんどん撤退が決まり、見知った顔が一人、また一人と会社を去って行き、殺伐とした冬の時代へ。

私は……というと、実績もまったくないのに残れました。けらさんの担当だったという理由だけで残れたのです。

ガラーンと寂しくなったオフィスに残されたのは、かろうじての書籍編集部と雑誌部門、映像事業部、あとはカードゲームを作る商品企画部くらいだったかと思います。

まさに風前の灯火《ともしび》。書籍編集部だって、売り上げをつくらなければ、いつ消滅を言い渡されるかわかりません。

なんとか浮上する道をと、当時の編集長がひねり出した案が、「コミックエッセイ再生プロジェクト」だったのです。

今でこそ、「コミックエッセイ」といえば、どういうものかイメージが湧く方も多いと思いますが、20年近く前の当時は、あまり書店に流通していないレアなジャンルでした。

メディアファクトリーは、実はその分野のフロンティア。90年代に、けらえいこさんの「セキララシリーズ」(『セキララ結婚生活』『たたかうお嫁さま』など)がヒットして映像化されたという実績がすでにありました。

しかしながら、けらさんの後に続く第二、第三の作家の発掘までには至っておらず、鉱脈は発見されたまま放置された状態が長く続いていたのです。

このコミックエッセイ分野をもう一度掘り起こそうと決めたことは、当時の編集長の、まさに英断だったと思います。

編集長と、料理系の本を主に手がけていた先輩、そして私の3人で「コミックエッセイを頑張るぞーチーム」は始動したのでした。

16万部ってどうやって出すの？

さて、私のミッションは定まりました。

会社から言い渡された目標は、「年内に（もう10カ月を切ってました）、16万部発行のヒット作を出すべし」

1人で16万部。どうやって？ 当時の書籍の初版部数の平均は6000部くらいでしたので、16万部なんて夢のまた夢の数字に思えました。

「すごく頑張って初版1万部刷って……、えっと、それを1人で16冊つくればいいってこと？」と訳のわからぬ計算式が出たりして、私と先輩は「とにかく企画をたくさん出すしかない！」と編集長に企画書を見てもらうことを繰り返していました。

企画書と書きましたが、当時の私はもちろん、コミックエッセイの企画の立て方なんてよくわかっていません。

とにかく、絵が描ける作家さんをつかまえないといけないことはわかっていましたが、作家の知り合いもほとんどいません。

そこで思い出したのは、姉のツテ。漫画家として雑誌『コーラス』でデビューを果たしていた姉・奈緒子。現在は『重版出来！』がドラマ化もされている姉ですが、その頃はまだほぼ無名で、たまに別冊で読み切り作品を描かせてもらえていたくらいでした。

「ねぇ。『コーラス』で描いている小栗左多里さんの漫画って、すごく面白いよね」

当時、小栗さんは少女漫画を描かれていたのですが、独特のタッチやちょっとしたセリフの表現に見えるユーモアが、私はとても好きでファンだったのです。

「小栗さんなら、友達だよ。今度一緒にご飯行く予定あるから、一緒に来る？」

当時まだ上京前の物件探しの段階でしたが、こうして小栗さんとのご縁が生まれたのでした。

その食事の席には、小栗さんのパートナー、トニーさんもいらっしゃいました。お二人の話がとにかく面白くってゲラゲラ笑って、「この話を本にしたいですね！」と盛り上がっていました。が、その後上京した私は毎日をこなすのが精一杯で、なかなか小栗さんとの企画を進めることができないまま、月日は流れていったのです。

背水の陣で生まれた『ダーリンは外国人』

その後小栗さんにお願いして何本かネームをいただき、私はドキドキしながら企画会議に出してみました。

上司の反応は、「いきなり単行本にしても売れないだろうから、まずは雑誌で連載させてもらったら」というものでした。

社内には『ダ・ヴィンチ』という雑誌があったのですが、これは諸々の関係でNG。自社媒体はダメだとわかると、私は何を思ったのか、他社に売り込みをかけ始めました。

自社で単行本を出すために、他社に連載をお願いする……。よほど売れている有名作家さんでしか受け入れられない、なかなか荒っぽい手法です。

30社近く回っても断られ続け、最後は、英会話スクールの機関誌がいい返事をしてくれそうだったのですが、それも廃刊になってしまって立ち消えに。

小栗さんのもとには、大手出版社から企画の打診もあったという動きも嗅ぎ取っていた私は、「このまま私が企画を持ち続けていても、小栗さんに申し訳ない」と弱気になり、「他社で出してくださっても構いません」と涙を呑んで電話を入れました。

その時、小栗さんがおっしゃってくださった言葉は忘れられません。

「いや、私は松田さんを信じて作品を託したのだから、好きにしてくれていい」

涙。この一言で、完全に火がつきました。

ここまで私を信じてくださっている人を、絶対に裏切れない！　連載をとってからなんて悠長なこと言わずに、単行本にするのだ!!!

そこからすぐに再度企画書をまとめ直し、バーン！と机に叩きつけるかのような勢いで、会議にもう一度出しました。

当時その場に同席していた人からは、「あの時の松田の迫力はすごかった」といまだに言われるのですが、たしかにシューシューと湯気が立っていたかもしれません。「これでダメなら、辞めて九州に帰ってやる！」くらいの固い決心でした。

役員たちも、会社が傾きかけている中、新米編集者が捨て身で企画を出してきたことがうれしかったそうで、「うまくいくかわからないけど、とりあえずこの熱意に賭けてみよう」と、そんな気持ちでGOサインを出してくださいました。

「ようやく企画が通った！絶対成功させてみせる！」そう心で叫びながら、すぐに小栗さんに吉報を連絡しました。

ありがたいことに小栗さんは、漫画雑誌『ヴァニラ』の連載の狭間に許された1カ月間のお休みを使って、一気に描きあげてくださいました。

企画会議で通ったのが8月、漫画を描きあげていただいたのが9月、10月にゲラのやりとりをして、11月には発売。その間、たった3カ月の凝縮した出来事でした。

2作目で大ブレーク！累計300万部のヒット作誕生

その後、シリーズ累計300万部を超えるミラクルヒットとなった『ダーリンは外国人』ですが、1作目からすぐに売れたわけではありませんでした。

発売した直後は、めでたく初版は売り切って重版がかかり、小栗さんと「目指せ、5万部！」と言っていたくらいで、会社としても「まあまあの合格点」程度の評価だったと思います。

しかし、その後、ジワジワと地道な露出を続けていたことが、2作目以後の爆発を生んだのです。

この時に実感したのは、「実物のチカラ」。

当時、携帯電話（ガラケーでした）の「Ｖｏｄａｆｏｎｅ」から、利用者向けに「請求のお知らせ」と一緒に届くミニ冊子に載せる4コマを描いてほしい、という依頼が来たり。リクルートの『ゼクシィ』に連載を提案したら、「結婚がテーマだからうちにピッタリですね！やりましょう」とすぐに返事が来たり。

企画段階でいくら説得しても耳を貸してくれなかった人たちが、「1冊の本」という実物となって目の前に現れると、途端に前向きな反応を見せてくれる。実物があるかないかで、人の反応はこうも違うのかと、気づかされました。

この時期には、新聞の書評で絶賛されたり、反響の拡がりもジワジワ感じていました。せっせと記事を切り抜いてはスクラップし、ウキウキしていました。

こういった地道なプロモーションが、世の中のいろんな人たちに「どこかで見たことがある」「なんとなく知っている」というサブリミナル効果をもたらしたのでしょう。

2年後に2作目が出るや、爆発的なヒットになり、1作目も１００万部超えを果たしたのです。

国内全体の書籍売り上げのピークは2002年。1作目が出たのが2002年、2作目が2004年でしたから、出版界が最高に盛り上がっている時期の波にうまく乗ったとも言えます。

それにしても、あれだけプレッシャーを感じていた「16万部達成」どころか、一気に100万部超え。小栗さんと乾杯したワインの味は、格別でした。

ヒット作を生むと、まるでモノクロからオールカラーへと一変するように、私の世界もガラリと変わっていきました。

30歳までに「名刺代わりになる仕事」をせよ

私が背水の陣で『ダーリンは外国人』に全身全霊をかけたのは、会社や作家のためだけじゃなく、自分のためでもありました。

27歳で九州を出て、書籍編集者になった時、『ダ・ヴィンチ』にいた先輩からもらったアドバイスが、ずっと胸に刻まれていたのです。

「松田ちゃん、編集者になると決めたなら、30歳までに100万部のヒットを絶対に出しなさい」

まだ書籍編集の「しょ」の字もわかっていなかった私は、先輩が言う「100万部」の意味が瞬時にわかりませんでした。

「30歳までに100万部のヒットを出したら、世界が変わる。どう変わるかって、30代からの仕事がべらぼうに面白くなるから。とにかく100万部出しなさい。それができなければ、東京まで出てきた意味がないよ」

強烈な、しかし、本質を突いた助言だったと、今なら理解できます。

素直な私は「そうかっ！100万部出すぞ！」と思い、それが叶うように実行へと向かっていたのでした。

「これがダメなら辞めて九州に帰る」とまで自分を追い詰めたのは、この言葉が頭にあったからです。

30歳目前の29歳で100万部超えのヒットを出せた時には、「ミッション・クリア……！」とホッとしたのを覚えています。

そして、先輩の予言どおり、30代の私はノリノリでした。

丁稚奉公のような引継ぎ仕事は一切なくなり、提案した企画はほぼ通るように。会社から数字を期待され、「一緒に仕事をしたい」と言ってくださる作家さんもどんどん現れました。

結果を出すことは、信頼とイコールなんだ。期待に応えようとするから、質のいいものも生まれやすくなるんだ。

自分自身の変化から、強く実感できました。

いまや大ヒットが生まれづらい時代へと変わりましたし、10年以上前の成功則が通用するとも思いません。

でも、やっぱり「○○をつくった松田さん」「△△をヒットさせた松田さん」と認識されるだけで、いろんな面で仕事がスムーズに進んでいくのは事実です。

「30歳までに、自分の名刺代わりになる実績をつくるといいよ」というアドバイスは、後輩にも伝えています。

松田紀子さんと私 —— 小栗左多里

おぐり・さおり ◎作品に『ダーリンは外国人』『新装版 めづめづ和文化研究所 京都』『手に持って、行こう ダーリンの手仕事にっぽん』（トニー・ラズロと共著）など。

たくさんの人に伝えたい。伝えなきゃ

「コミックエッセイ編集者時代の仕事で、最も思い入れのある作品は何ですか？」

そう聞かれると本当に困ってしまうのですが、小栗さんの『ダーリンは外国人』と並んで、私が何度も読み返している作品を一つ挙げるとしたら、たかぎなおこさんの2作目として手がけた作品、『ひとりぐらしも5年め』です。

小柄なたかぎさんのライフスタイルを描いた1作目『150cmライフ。』を出したのは、2003年のこと。

本が完成した打ち上げをしようと、たかぎさんのお住まいのある駅に、デザイナーさんと私の3人で集まった夜。お店を出てノリで「たかぎさんちに行ってみよう！」という流れになりました。すると、思いがけない驚きの世界と出会うことになったのです。

「どうぞ」と促され入った部屋が、それはもう、ビックリするほど狭かったのです！「不動産屋さんには6畳って言われました」とたかぎさんはおっしゃるのですが、どう見たって4畳くらい。

身長150cmで華奢なたかぎさんが暮らす部屋はすべてがコンパクトで、なんだか切ないくらいささやかで……。

三重からイラストレーターを夢見て上京してきた女の子が、ひとり暮らし5年目を迎えている。その心情がギューッと詰まっている世界のように感じられて、私は強烈に「この暮らしを、たくさんの人に伝えたい。伝えなきゃ」という思いに駆られました。

タイトルもその場で浮かびました。読んでいただけるとわかりますが、作中には決してセンチメンタルな描写はありません。「シャワー中に怖い話を思い出してビクビクした」とか「風邪を引いた時に、ポカリの買い置きがないと不安になる」とか、なんでもない日常綴りなのですが、ひとり暮らしを経験したことのある女性なら、きっと誰もがジワッと来る。私自身が福岡や東京でひとり暮らしをしてきたからこそ、強く共感できたのだと思います。

たかぎさんにしてみれば、「こんなので、本当に作品になるんですか?」という日常の物語。でも、いまだに読んでくださった方から「あの本を読んで、思い切ってひとり暮らしを始めました」とか「ひとり暮らしを始める娘にも渡しました」といった感想をいただくことがあり、しみじみ、編集者冥利に尽きます。

後から聞いた話では、私が依頼するまで、たかぎさんは4年以上東京で挑戦を続けながらも芽が出ずにいたので、そろそろ三重に帰る計画を立てていたそうです。そんな中、カタカタとファクスが鳴り、私の仕事依頼が流れてきたのだとか。

コミックエッセイ1作目となる『150cmライフ。』を描き終えて、地元の駅で打ち上げをした時、たかぎさんが「忙しくなってきたので、アルバイトは辞めました〜」と言うのを聞き、私は内心、「えっ? まだ本が売れるかもわからないのに!」と酔いが醒める気分でした。同時に、一人の作家の人生を背負ったような責任感を抱いたことを覚えています。

『ひとりぐらしも5年め』は、夢見る女性の切実な思いへの共感と、私との仕事に懸けてくださったことへの感謝の気持ちも相まって、特別な作品になっています。

その後も素晴らしい作家さんたちとの出会いやヒット作に恵まれ、２０１１年、私はメディアファクトリーの「コミックエッセイ編集グループ」の編集長に就任しました。

メディアファクトリーと寝た女⁉

若くて、伸び盛りで、輝いていて――自分が最も輝いていた日々を共に過ごした恋人には、永遠のときめきを感じませんか。

会社も同じです。

自分が最も成長できた時期を過ごし、会社の発展にも貢献できた職場に対しては、まるで自分の半身かのような特別な思い入れを持ち続けるものではないでしょうか。

私の場合は、それが「メディアファクトリー」という会社でした。

眠れる資産だった「コミックエッセイ」というジャンルに出会い、ヒット作をこの手で生み出して、「重版出来！」の快感を何度でも味わわせてもらった場所。
編集者として、職業人として、大きく成長させてもらった場所。

私にとってメディアファクトリーは、自分の存在そのもので一心同体。「メディアファクトリーと寝た女」と言われたっていい！

それくらい、愛着を感じていた職場でした。

ですから、そのメディアファクトリーがＫＡＤＯＫＡＷＡに買収されると知った日は、足下が突然崩れるような衝撃を覚えました。

精魂込めて育てたコミックエッセイの専門部署が社内で独立した２０１１年。同じ年の11月に、その発表は突如耳に入ってきました。

ええ？　嘘でしょ？？　と戸惑った1週間後には「１００％子会社化」が決まったのだから、まったく気持ちが追いつきませんでした。

本人の意志ありきの転職や独立と違って、他社からの買収や合併というのは、寝耳に水で、事故に遭ったようなもの。この喪失感は、経験した人にしかわからないと思います。

2年後の2013年には、完全に吸収合併され、メディアファクトリーという社名は消え、KADOKAWAブランドとしての再出発をすることになりました。

辞める？　残る？　私が決めた理由

会社が変わればカルチャーもまったく変わる。

メディアファクトリーからKADOKAWAへの移行期は、それをリアルに感じた時期でした。

リクルートが血筋の、熱血かつのびのびした雰囲気のメディアファクトリーに対して、当時のKADOKAWAはなんだか緊張感が漂う社風でした。

正直、私の性には合わないなぁと思っていましたし、これまで一緒に頑張ってきた仲間たちは何人も辞めていくので、ただただ寂しかった。早期退職制度が告知され、一定の年齢以上の社員は全員呼ばれました。

私もかなり鬱々とした状態で、気分の落ち込みから部下とぶつかるトラブルもありました。「松田さんも、あの時辞めるかと思った」とよく言われますし、退職がちらついたのは事実です。

それでも、どうして私はＫＡＤＯＫＡＷＡに残ったのか？

理由はたった一つ。愛するコミックエッセイを生かせる最高の場所は、やっぱりここしかないと確信したからです。

例えば、集英社のような出版社に転職したとしても、コミックエッセイをつくるチャンスは多分いただけたと思います。ただし、それはあくまで巨大なコミック編集部の中の一部という位置付け。これまでのように、独立した一部門として思い切った本づくりをした売り方の戦略を立てるのは、おそらく難しくなるだろうなぁという予測はすぐにつきました。作家さんにとっても、それはハッピーなことじゃないかもしれないと考え、他社への転職という選択肢はナシに。

とすると、会社の看板が変わったとしても、これまでと同じように独立した一部門として、残った部員たちと一緒に、コミックエッセイをつくり続けていくのが、ベストじゃないかと考えるに至ったのです。

いつもはほぼ直感で行動する私が、この時ばかりは10秒と言わずすごくすごく迷いました。

一人では考えがまとまらず、初めてコーチングを受けたのも、この時でした。1時間1万円の費用は決して安くはありませんでしたが、「自分の話だけをじっくり聞いてもらいながら、考えを整理できる時間」を持てたのは貴重でした。計5回のセッションを受けた頃には、なんとなく心が決まりました。

メディアファクトリーという会社を愛していたけれど、もうその会社はなくなってしまった。

では、二番目に好きなのは何？　コミックエッセイだ。ならば、コミックエッセイを大切に守れる環境を選ぼう。

その答えが、「残留」だったのです。

環境が一気に変わる時や、周りからいろんな引力が働く時、人は自分の意思が見えづらくなるものなのかもしれません。

周りに流されそうな時こそ、深呼吸して立ち止まって、「自分にとって大事にしたいものって何だろう？」と考え抜いて、ブレない答えを出す。

そして、自分が決めた答えなら、その選択に言い訳せず、ただただ進むべし！

自分で決めた道なら、どんな結果が待っていても納得できるもの。一番カッコ悪いのは、他人のせいにすること。

「選んだ道が自分のベストだと信じて、頑張ることが大事」と、いつか言ってくださった、小栗左多里さんの言葉にも、背中を押されました。

あるいは、こうも言えます。どっちの道を選んだって絶対、多かれ少なかれ後悔はする。「後悔しない道を選べ」と言われたら難しいけれど、「どっちに行っても結局後悔する」という前提で覚悟すれば、気楽になれませんか？　だったら、「より少ない後悔で済むようなほうを選ぶ」。これもひとつの答えです。

というわけで、コミックエッセイの守り番として会社にとどまることを決断した私でしたが、この数年後、「辞めなくてよかった！」と心から思える転機がまた訪れます。まったく予想すらしていなかった新天地。料理雑誌の編集長へ。そう、『レタスクラブ』の再生劇へと道はつながっていたのです。

未経験で『レタスクラブ』編集長に

編集者、特に書籍編集者には〝旬〟がある。それは本当だと思います。自分の感性と時代の風がマッチして、何をつくってもヒットする黄金期。私の場合は、30〜35歳の時期がそれでした。

コミックエッセイの企画全体を見る編集長として、メンバーを育てる役割も担うようになってからは、少しずつ「ヒットのチャンスを後進に譲る」という意識も強くなってきていました。

自分の役割はこれから変わっていくかもしれない。でも、会社から期待されている役割は、あくまで書籍のコミックエッセイの範囲の中でのことだろうと信じ切っていた私。

ところがある日転機はやってきます。

上司に会議室に呼ばれて『レタスクラブ』の編集長、やってくれない？」と言われた時は、まさに青天の霹靂《へきれき》でした。

コミックエッセイ畑を15年も歩いてきた私が、突然、雑誌の世界に？

ひょっとして、私、左遷《させん》されるんか……。

そんなネガティブな想像がよぎりましたが、話を聞いてみると、どうやらそうではないようです。

会社からのオーダーは、「部数減が続く『レタスクラブ』を復活させるべく、コミックエッセイを生かして立て直しをはかってほしい」というもの。

聞いた瞬間、私の中で音が鳴りました。

ワクワク！という音が。

ヤバい。この衝動は止められないかもしれない……と警戒したとおり、私の答えはこの時にすでに決まっていたと思います。

まず、「コミックエッセイを生かして」というのが大きなポイントでした。

これまで単行本が主戦場だったコミックエッセイを、雑誌の中で生かしてみる。これはやりがいがあると思えました。雑誌が主婦向けであることも、コミックエッセイの読者層に近いと感じ、道筋を描けそうでした。

次に、響いたワードが「立て直し」。

料理に興味がない私は『レタスクラブ』をまともに読んだこともありませんでしたが、めくってみると「なんて真面目な雑誌なんだろう。改善の余地ありまくりだ」と思えました。

当時の『レタスクラブ』は老舗雑誌らしく、料理好きの女性に向けての記事が、その誌面の多くを占めていました（しかし、この時の私の第一印象が、誌面改革に大きく影響したことは、第1章で書いたとおりです）。

歴史ある雑誌の再生を請け負うような「立て直し」という言葉に冒険を感じた私は、さらにワクワクが止まらなくなりました。

しかしながら、もちろん不安要素はありました。

果たして、本当に私にそれが務まるのか？という不安です。

通常、雑誌の編集長というのは（料理など専門雑誌は特に）、その編集部内の昇進という形で、編集長人事が決まるものです。

部員経験が一度もない私がいきなり編集長を務めた結果、失敗したらどうする?不安の渦に飲み込まれそうになる私。

思い立って、長年雑誌の編集長を務める友人に相談したところ、「やってみなよ」という一言。

「今かなり部数が落ち込んでいる状況なんだよね?これ以上、落ちようがないし、あとは上がるだけ。大丈夫、うまくいくよ」

持つべきものは百戦錬磨の同性の友人!この言葉に勇気をもらい、私は奮い立ちました。

そこから私がやってきたことは第1章でお伝えしたとおり。結果、「部数大幅V字回復」「3号連続完売」「往年のライバル『オレンジページ』抜き」という実績で、たくさんの人に恩返しすることができました。

これまでのすべての経験を生かせた——。そんな達成感を持てる仕事ができたことに、ただただ感謝しています。

編集長、辞めます――そしてこれから

『レタスクラブ』の編集長、辞めます――。

2019年7月に、そんなリリースをしたところ、「本当ですか？ 次は何するんですか？」と反響をいただきました。

実はこの頃すでに、長年勤めたKADOKAWAを卒業するという決断も、会社には伝えていました。

編集長のセカンドキャリア。

これは出版界に身を置く人たちならば、きっと関心のあるテーマだと思います。

従来であれば、編集長として結果を出した人は、複数の編集長を束ねる部門長クラスに昇格して、役員コースをまっしぐら。特に、毎年新雑誌が生まれるような景気のいい時代には、どんどん部門が増えて、ポストも準備されていたようですが、それも今は昔話。

みんな、「次の行き先」に迷っている。これって、人生100年時代と言われて、勤労寿命が延びつつある今の時代には、いろんな業界で起きていることではないでしょうか。

厄介なのは、「編集長」という仕事が最高に面白いこと。だからなかなか現場を離れられず、社内の出世よりも、「同業他社に転職して他の媒体の編集長職にスライドする」という選択をする人も少なくありません。

でも私の場合、そういう考えは持ちにくかった。編集長をしたいなら今の環境でやればいいことだし、せっかくなら、もっと、編集視点を生かせる何か……。

正確に言うと、〝編集者としてのスキル〟をフルに生かせる新しい仕事を見つけたいと渇望していました。

そう。編集者のスキルは、すごーく汎用性《はんようせい》の高い、いろんな問題解決に役立つスキルだと、私は強く思うのです。

編集者のスキルって何？ という方にあらためて説明します。

私が考える「編集力」とは、「そこに横たわる名もなき〝価値観〟を言語化し、パッケージにして、『ほら！』と差し出す力」

これまでたくさんの作家さんとお仕事をご一緒してきて、実感するのは、「才能ある人の多くは内気である」という事実。黙々と創作に打ち込み、素晴らしいものを生み出しながらも、アピールするのは苦手な方。それ以前に、自分の作品の魅力に気づいていない人もたくさんいるのです。

その価値に光を当て、それを欲しいと思っていた人に、差し出す橋渡し役。それが編集者の役割。

加えて、「欲しい」という気持ちすら、読者側が気づいていない場合がある（いわゆる潜在ニーズ、イマドキの用語では「インサイト」とも呼ばれるそうです）。

価値とニーズのマッチング。それがうまくスパークした時のエネルギーはすごい。

私は編集者時代に、何度もそのミラクルを味わわせてもらいながら、いつしか気づいたのです。

このスキル、雑誌や本づくり以外でも使えるんじゃないの？ と。

例えば、「潰れかけた旅館の再生」とか。「シャッター商店街復活！」とか。当人たちは「価値がない」と思っているかもしれないことに、編集視点で新しい価値を見出し、欲しがっている人に差し出す仕事。

そういうチャレンジ、してみたいなぁと考えるだけで、ワクワクが止まらなくなってしまったのです。

素晴らしい出会いもありました。コミュニケーション・ディレクターの佐藤尚之さん、通称さとなおさんです。

『レタスクラブ』再建の時期に通わせてもらった、さとなおさん主宰の「さとなおオープンラボ」では、「ファンベース」について多くを学ばせていただいて、そこで得られた気づきを『レタスクラブ』の誌面づくりに生かしては部数を伸ばす！という好循環を体験していました。

その私の師匠であるさとなおさんが、「ファンベースを多分野で企画・実行する会社をつくる」と伺い、面白そう！と直感（これが3回目の神の啓示です）。「参加します！」と手を挙げさせてもらいました。

プロジェクトごとに最適な仲間を集めてチームで目標に向かっていくのも、雑誌時代にやってきた感覚と近いはず。まさに〝団体競技での編集スキル〟を生かせそうです。

うれしいのは、こんなちょっと風変わりな私の転職に「希望が持てる」「頑張ってほしい」と応援してくださる方が、予想以上に多かったこと。

これまでごく狭い道に限られていた〝編集者のセカンドキャリア〟を少しでも広げることができて、後に続く人たちの選択肢を増やせるのなら、私を育ててくれた大好きな出版業界に少しは恩返しができるかなと思えます。

何より、「編集力」の底知れぬパワーを世の中に知らせて、その価値を高めたい。いろんな仕事に生かせるスキルとして、世の中に役立てたい。

まだまだ走り続けます。

松田紀子さんと私 ── たかぎなおこ

たかぎ・なおこ ◎作品に『150㎝ライフ。』『ひとりぐらしも何年め?』『ひとりたび1年生』『マラソン1年生』『お互い40代婚』『良いかげんごはん』など。

松田紀子が手がけた雑誌・書籍の一部

「レタスクラブ」連続完売の3号

コミックエッセイ

『ダーリンは外国人』

（小栗左多里 2002年12月刊）

『働きママン1年生

お迎え18時を死守せよ!』

（おぐらなおみ 2011年1月刊）

『かわいいころを過ぎたら』

（青沼貴子 2009年2月刊）

『離婚してもいいですか?』

（野原広子 2014年8月刊）

『150cmライフ。』

（たかぎなおこ 2003年2月刊）

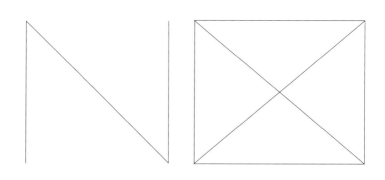

第３章

ゆるく楽しく結果を出す！松田紀子の仕事術

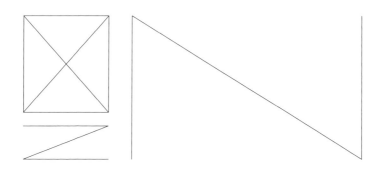

自分の機嫌くらい、自分で取れ

第1章では、雑誌、コミックエッセイを編集するにあたって実践してきたことを、第2章では私自身のキャリアストーリーを述べました。

この章では、仕事を長く楽しく続ける上で大切な、編集実作業から離れたポイントをお伝えします。心がければすぐにできること、私自身がたくさんの失敗を重ねたからこそ見えてきたものです。

仕事は、人と人との関係で成り立つもの。

たとえ結果を出していたとしても、いつも眉間にシワを寄せ、不機嫌そうにしていたら、誰もついてきてくれません。

「この人と一緒に仕事をしたら、何か楽しいことが起きそうだ」と思わせるポジティブな空気をまとう人のほうが魅力的じゃないですか？

何より〝礼儀〟として、仕事相手の前では機嫌よく振る舞うことが大事だと思います。

なんて、エラそうに言ってますが、私はこの件で社会人1年目にこっぴどく叱られた経験があります。

福岡の出版社にいた時代、かわいがっていただいていたクライアントさんのお店に打ち合わせに行った日のこと。

未熟な私は、直前に何か嫌なことがあったのか（覚えていないくらいささいな理由です）、不機嫌丸出しで訪れてしまいました。すると、いつも優しい店長が激怒。

「そんな仏頂面で来るな。自分の機嫌くらい自分で取って来い！」

これは不機嫌を他人にぶつけることに無自覚な、私の甘えでした。私は自分のことが恥ずかしくなり、深く反省し、態度を改めたのでした。

この時の、愛あるお叱りを肝に銘じ、今でも時々店長の顔を思い出しては、なるべく口角を上げるようにしています。

30歳までに「話し方」を変える

これはあえて「女性は特に」と強調したいと思います。

女性は、「若い」というだけで周囲が大目にみてくれます。今の日本社会では事実として至るところで起きていること。

それによって得をしている女性もたくさんいます。

結果として、いい仕事ができているのならそれでいいじゃない、というのが私の基本の考え方ですが、チヤホヤされるのは〝期間限定〟であることを最初からわかっておかないと、後で自分が苦労するはめになります。

たまにいるのです。

軽く40歳は超えたであろう、社会人歴20年以上の女性で、まだ、決定権のある人にすり寄るだけの人。

これは、正直みっともない。

「この人は20代に通じたワザだけでこれまでやってきた人なんだな」と、見ていて残念でなりません。

また、私の年下の友人たちが30歳を超えたとたん、「なんだか昔のやり方が通用しなくなってきて……。後輩も増えてきたし、先輩からは詰められるようになってきたし、どうしたらいいんだろう」とため息をつく姿を見てきました。それは、20代では許された、「若くて未熟だから大目に見てあげよう」という先輩方のフィルターが外れてきたのです。これに気づいて実力をつけていかないと、しんどさは増していきます。

その時々で身につけるべき話し方や振る舞い方、そしてもちろん結果を出していかないと、信頼を要するポジションはどんどん遠ざかってしまいます。30歳を超えたら、20代のやり方を少しずつ捨て、新しい仕事スタイルを模索することをおすすめします。

また、メンバーから相談を受ける時に参ってしまうのが、「結論の見えない話がダラダラ続く」というパターン。

「AかBかで迷っていますが、私はAがいいと思っています。なぜならこういう理由です。一方で、Bを選ぶとこうなります。松田さんは、どう思いますか？」

と聞いてくれれば一発で答えられますが、

でも、AとBがあって、Aがいいと思うんですけど、でも、Bもこういうところがいいんです。

「AとBがあって、Aにするとこうなるし、Bにしたら……」

と、二つのパターンが並走していて、いつまでも話が続く。「うん、結局、どっち？」と突っ込みたくなります。

へたすると、C案やD案まで登場してきて、ますますわけがわからぬ話に。

この場合、相談してきたメンバーは自分の選択に自信がないから、AもBも立てる、どっちつかずの説明になってしまうわけですが、その時は最初に「自信がないので迷っています。私はAがいいかなと思っているのですが」と一言添えるだけで、相手の受け入れ方は全然違ってくると思います。

実際、メンバーの将来を思って、「その話し方、すぐに直したほうがいいよ」と伝えたことは何度かあります。

私自身は、会議やプレゼンの場に参加するたび、あるいは1対1で会話をしていて、「この人の話し方、スマートでわかりやすいな」と感じた相手がいると、その人の話し方を真似するようにしていました。

真似から入るのは手軽でおすすめです。

「こうでなきゃ」はわりと無視

「松田さんは自由に働いていて、いいですね」とよく言われます。

もしかしたら若干ディスり気味に言われているのかもしれないですが、単純な私はその言葉どおりに受け止めて、「ハイ、楽しいです」とお答えしています。

ここで言われている「自由」って何でしょう？

会社には最低限しかおらず、ポンポン発案して、また去っていくみたいな働き方？

細かい注意を受けても「結果を出せばいい」と、マイペースを貫く姿勢？


私からすると、「みんな、ちゃんと机に座って働いて、真面目だな……すごいな……」というのが本音です。

私の場合は、会社に1日8時間拘束されるよりも、外でいろんな人に会って話を聞くほうが時間を仕事に生かしきれるし、結果もついてくることが多かった。自分の風通しを良くしておくことで、パフォーマンスが上がるタイプです。


ある程度結果を出せたり、ポジションを獲得できたりした人から率先して〝枠からはみ出てみる〟というお手本を見せたほうが、周りの人もメンバーも、ずっとラクになれるんじゃないかなと、私は思います。

私が会社を辞めると知った社内の友人が、「松田さんがいなくなると困る。『ここまでやってもいいいんだ』と背中を押してくれる希望がいなくなってしまうから」と寂しがってくれました。

私の場合、ある意味治外法権だったかもしれませんが、自分の心が自由でいられる働き方って、まだまだいろんなところで実践できると思うんです。「こうでなきゃ」に縛られず、ちょいちょい、できる範囲ではみ出してみてはいかがでしょうか。

転職は自分自身の納得感を

私が自分の意志で職場を変えたのは、これまで3回。

新卒1社目のタウン誌出版社から、リクルートに契約社員として入り直した時。

九州から単身上京し、書籍編集者としてデビューを果たすべく、メディアファクトリーに移った時。

そして今回、出版業界を卒業して、新たなステージへとチャレンジを決めた時。

いつも自分の強い意志で決めてきました。

特に2回目と3回目の決断では、「ここでできることは全部やり切った！」と新しい世界へとジャンプするような、爽快な気持ちを味わいました。


転職においては、自分自身の納得感を強く持つことはとっても大事だと思います。

「誰かに勧められたから」とか「なんとなく今の会社が嫌だから」といった曖昧な動機で転職を決めてしまうと、うまくいかなかった時に絶対に〝誰かのせい〟にする。

自分の意志さえ明確であれば、転職は１００回したっていいと私は思います。

逆に、自分の揺るぎない意志さえあれば、周りの大勢が「去る」決断をした時でも、自分は一人留まる決断をする。「会社が買収される」という局面で、私はそれを選びました。


自分を信じて、自分が決めた道を歩む。シンプルですが、それに尽きます。

上司はツボを押さえて攻略

自分がやりたい仕事を進める上で、上司を味方につける努力は惜しまないほうがいいと思います。

といっても、毎日ご機嫌をとり、仕える必要はありません。

私が心がけたのは、「その上司のツボを押さえる」という、ポイント戦略です。

まず、上司が代わるタイミングがあれば、その人の下で働いた経験のある同僚（できるだけ複数がベター）にヒアリングをします。「普段のコミュニケーションで気をつけたほうがいいことは？」と情報収集するのです。

例えば、ある上司は、「メールの問い合わせにすぐ返事する」ことがポイントでした。それを理解した私は、とにかくその上司からのメールには即レスを心がけることを、最初の数週間に徹底したのです（はじめの印象が肝心です）。

するると、上司は「松田とはコミュニケーションのストレスがない。ツーカーになれそうだ」と思ってくれます。そのポイントさえつかめばもう大丈夫。あとはスイスイと自由に動けます。

また、上司ももちろん繊細な人間ですので、「自分を慕ってくれる部下はかわいい」のです。これは私自身が上司の立場になってから実感したことでもあります。

だから、シンプルに「アドバイスを請う」「仕事術を教えてもらう」といったアプローチも、とても有効だと思います。

エラくなってからが〝学び時〟

〝長〟という肩書きがつくようになってから、私は積極的に「学びの時間」を持つようにしてきました。それまではあまり外の場で学ぶということはしてこなかったのですが、ちょうどリンダ・グラットンさんの『ＬＩＦＥ　ＳＨＩＦＴ（ライフ・シフト）』を読み、「人生100年時代。まだまだ働く時代に、このままの私ではダメだ」と危機感を持ったタイミングでもありました。

メンバー・後輩を育成する役割は担いつつも、自分自身の編集者としての感覚を磨き続けたい。

そう思い立ち、できるだけ社外の、異業種異年齢の参加者が集まるセミナーやオープンゼミに通っていました。

ただでさえ編集長業は忙しいので、ゼミなどに通い始めると毎日が超ハードになります。でも、今の自分にとってかけがえのない必要な時間だと信じていましたし、寝る間を惜しんで学んだからこそ、得られた財産はたくさん。

会社員生活も長くなると、社内で師と呼べる人もだんだん少なくなってしまうのですが、外の世界には導き役となってくれる方が無限にいます。

40歳を過ぎて、同じ意欲や関心を持った新しい仲間に出会えたこともうれしかった。会社の中ではベテラン感が漂い、圧の強い人種と思われ、常にうっすらとした孤独を感じていた私ですが、外の世界にはたくさん〝同じ種〟の人たちがいることに勇気をもらえました。

わー、こんなところにいたんだ！やっと会えた！

荒野の中、1匹で生きてきた野生動物が、同じ種の群れに遭遇したかのような感動。同じエネルギーをもった友人や恩師たちとの出会いは、私の40代に大きなエネルギーを与えてくれました。

もう40代だからって、あきらめたり、おとなしくしたりしなくていい。まだまだ、思う存分暴れていい。そう振り切れたのは、40代で出会ったパワフル極まりない友人たちのおかげです。

「やる！」と決めたら、まごつかない

やると決めたら、やる。決めた1秒後には動いている。

それが私のここ数年のスタイルです。

「なかなか行動を起こせない自分が嫌」と悩んでいる人もきっと多いと思います。でも、すべては行動から始まるのです。

今、この本を読んでくださっているみなさんも、この本を買おう、読もう、と行動してくれたからこそ。

そう考えたら、「小さな行動の積み重ね」が自分の人生を作っていく。

それでも行動を起こすことが億劫だとしたら、まずは〝強く「やる!」と脳内宣言〟してみてください。

イメージとしては、おでこの部分に宣言をカチッとセットするような感じ。

おでこの奥には脳の前頭葉がありますが、この前頭葉が人間の意志に基づく行動力を司っているのだそうです。

前頭葉に「やる!」という意志がセットされると、脳が自動的に過去の経験や情報を引っ張り出してきて、次のアクションを起こしやすくするのだとか。「やる」ことしか設定されていないので、「失敗したらどうしよう」という不安要素が生まれてくる隙間がないんですよね。たまに不安が生まれてきてしまう場合は、疲れてきている時なので、とにかく寝る。もしくは自分をご機嫌にしてくれる人に会う。この2つで、だいたいリセットされます。

この理論はこの夏に本格的にコーチングを習い始めてから学んだのですが、「やはり私は前頭葉人間だったんだ！」と妙に納得しました。

今までもわりと、やる！と決めると、まごまごせずにほぼ同時に行動を起こしてきたからです。


「上京して書籍編集者になる！」

「30歳までに100万部のヒットを出す！」


と、脳内宣言すると、もうそれに向けて突っ走る。それを達成するためだけに行動を変えていく。常に頭の片隅に置いて、今何かできることはないかを探る。

前向きな決断をすれば、行動はもちろん前向きに、後ろ向きな決断をすれば、行動もつられて後ろ向きに。

ということは、脳を上手に前向き方向にだまし続ければ、ずっと楽しく前進しながら生きられるということになります。

人生は1回きり。まごまごする時間はもったいない。

ぜひお試しを。

弱者だからこそひねり出せる知恵

画期的な商品やヒット作は大企業でしか生まれない。なんて、あきらめているとしたら、もったいない。

きっとまだまだできることは、たくさんあります。

むしろ、中小企業だからこそできる挑戦があるのだと、私はコミックエッセイ『ダーリンは外国人』を売った時に学びました。

当時、メディアファクトリーという会社は、かつてコミックエッセイ作品でヒットを出したものの、そのジャンルを育てられていない状態にあったことは、第2章でもお話ししました。

つまり、書店における「棚」がほとんどないので、「売り方」を工夫する必要がありました。

漫画作品だからといって「コミック」の棚で扱われると危険です。大手出版社が長年陣取り合戦をしているコミック棚にわれら弱小出版社が入り込む隙間はなく、一瞬にしてはじかれてしまっていたでしょう。

そのあたりの戦略は、当時の編集長が非常に長けており、その頃にちらほらとベストセラーが出始めていた「女性向けエッセイ」の棚に狙いを定めたのです。

この棚に置いてもらうには、一般的なコミックの単行本とは区別しやすい、やや大きめの判型がいいと判断されました。当時、A5判は比較的値段が固定化されていなかったことも大きいです。

この判型はコマやセリフを大きく描くことができ、漫画を読むことに不慣れな人々にも「読みやすい」という印象を与えました。作風にもしっくりとハマり、新たな存在感を放つ「コミックエッセイ」というジャンルの確立へとつながったのです。

弱者だからこそ、ひねり出せる知恵で勝利をつかみとったようなもの。

そう考えると、まだまだ何事も工夫次第、あきらめるのは早いよな、と胸が熱くなります。

好き・得意を生かして采配する

メンバーをどう育成したらいいかわからない、と自信を持てない人は多いようです。

私の場合は、「メンバーを育てる」というより「一人ひとりの力を引き出す」という感覚でやってきました。感性商売の業界だからこそ、それぞれの「好き」や「得意」を発揮するほうが、良質のコンテンツが生まれて、ヒットにつながるはず。そんな考えがベースにあります。

編集部に集まった一人ひとりは、きっとそれぞれに「いつかこういう企画をやりたい」という思いを持って、働いている。

であれば、できるだけその希望に近づけられる仕事を采配したいと思っていましたし、本人が「ぜひやってみたい」と提案してきた企画に関しては、GOサインを連発していました。

得意なこと、好きなことには自然と熱量を注げますし、結果として、非常に効率よく仕事が進みます。

芸能系の企画は、芸能通のメンバーに任せる。もうそれだけで、イチから調べる手間も省け、何倍も速くものごとが進んでいき、私も含めて皆がストレスなく働けていたと思います。

また、逆に「得意分野がない」「特化したいジャンルがない」場合は、そのメンバーの気質を見抜き、少しでも向いていそうなジャンルを任せていました。几帳面そうな子は、お金特集の担当へ。文芸好きな子は、それを生かしたコミックエッセイを編集してもらう、など。メンバーの中に自信がつけば、他の仕事も難なくこなせるようになるものです。そうやって育っていった編集者はたくさんいます。

困りごとは即解決へ

上司の仕事は、メンバーが機嫌よく働けるための環境づくり。それも部を盛り立てるためには大切な仕事だと思っています。

基本姿勢としては、現場の仕事は細かい判断も含め、できるだけメンバーに任せ、「困った時だけ相談してきてね」と言ってきましたが、メンバーが自力では解決しづらい問題で困っている様子を察したら、できるだけ早く動くことにしていました。

例えば、こんなことがありました。

あるメンバーの異動のために、進行中の企画を別のメンバーに引継がなくてはならない。わりと頻繁にあることです。この引継ぎがちょっとしたミスからうまくいっておらず、先方が新担当者に良い印象を持てなかったようで、結果、いろんなダメ出しがたくさん降ってきていたことがありました。その様子に気づいた私は、速攻でその仕事を自分で引継ぎ、新担当者は補佐に回ってもらうようにしたことがあります。引継ぎがうまくいかなかったメンバーの落ち度はいろいろありましたが、今そのミスを追及しても、締切は迫るばかり。だったら自分が矢面《やおもて》に立ち、先方との関係を立て直せばいいだけのこと。その姿にメンバーはおのずと学んだのか、そのあと似たような失敗は一度もしたことがありません。困っている時に、上司が自分のためにすぐ動いてくれた。私がメンバーの立場なら、それだけで気持ちが上向きます。

チーム共通の困りごとを、上司の立場だからできる裁量で一気に解決してあげることも大事です。

ありがちな困りごとといえば、伝票処理。なぜか苦手な編集者が多い。私もまさにそれでした。

取引先から請求書をもらって、金額を確認して、編集長のハンコをもらって、経理に回した数日後、「税金額が間違っています」とやり直しを命じられ、心が折れる……。これだけで1日が潰れてしまったりと、もう苦手の極みでした。ストレス以外の何ものでもないのです。

だから、伝票処理をため込んでしまう部員のことを本気で叱れるわけもなく、いっそのこと、この作業自体をしなくて済むように対策を講じました。

経理作業を専門に進めてくれる派遣社員さんに来てもらって、部員たちのストレスを一手に吸収していただきました。その派遣さんからすると、伝票処理はプロ。ノンストレス作業なので速い、ミスもない。メンバーは、伝票処理に費やしていた時間を、本来の編集作業に費やすことができる。これは私が編集長として着任して、実は一番、みんなに喜ばれた策だったかもしれません（笑）。

松田紀子さんと私——野原広子

のはら・ひろこ ◎作品に『離婚してもいいですか?』『娘が学校に行きません 親子で迷った198日』『ママ友がこわい』『ママ、今日からパートに出ます』など。

メンバーのためなら本気で怒る

「松田さん、ちょっとこれ見てください！」

『レタスクラブ』の人気企画、別冊付録「1カ月分の献立カレンダーBOOK」が、他誌にほぼまるっと同じ作りで真似されたとわかった時は、編集部が揺れました。

担当していた副編集長は、物静かな職人肌で、決して怒りを表には出しません。でも、彼女がとても動揺し、憤慨していることはすぐに想像できました。

私も、もちろん悔しい。だけど一番悔しいのは、この企画を一から立ち上げた彼女なのです。

私がとった策は、局長と法務に相談して、正式な警告文を相手先の出版社に送るというもの。正直、法務とやりとりするのは骨が折れる仕事です。ですが、彼女や、編集部の悔しさを考えると、泣き寝入りするわけにはいかない。結果、しばらくしたら先方から謝罪文が送られてきました。

怒りをずっと抑えていたであろう副編集長にその謝罪文を見せた時、ちょっと彼女の表情が和らいだ気がしました。その後も、彼女は変わらず精度の高い仕事をこなしてくれました。


今だから正直に告白すると、私自身の怒りレベルはそれほどでもなかった。優秀な企画はパクられるのがこの業界の常ですし、私自身もひどいパクりにあってきたので、「またか」というくらいの心境でした。

しかし、大事なのは担当した彼女の心証です。

彼女からしてみれば、精魂込めて作った企画が模倣された時に、編集長が「こんなのよくあることよ」なんて呑気なことを言っていると、失望の上乗せにしかなりません。

だから、私は部下と同じ気持ち、いやそれ以上になって、怒りを表現したのです。

「自分の仕事を、上司がこんなに本気で守ってくれようとしている」と思えるだけで、かなり心がラクになるはず。かつて20代だった私自身も、同じことを経験していました。

あれは私が初めて手がけたコミックエッセイ作品『ダーリンは外国人』がヒットし、取材や映像化のオファーがどんどん舞いこんでいた頃のこと。

あるテレビ局の制作会社から、私宛に電話があり、「ドラマ化の作品候補としてラインナップに入れていいか」という相談がきました。

「はい。いいですよ〜!」と二つ返事をして所定のファクスに承諾の記入をして戻したのですが、しばらく経って、別のテレビ局との映像化契約がすでに進んでいたことに気づきました(おいおい)。

……マズい。すぐに「申し訳ございません。実は……」と電話をかけると、相手は火がついたように怒り始めました。

「あり得ない。もう話はしちゃっていますから!」

「……ハイ、申し訳ありません。でも……」

そのうち、相手の上司まで出てきて、さらに怒鳴られる私。小さくなって謝るしかありません。ませんが、もうしどろもどろです。

その時、状況を察した編集長がサッと電話を代わってくれて、相手に負けないほどの迫力でケンカを始めたのです。

「うちの松田はそういういい加減なことはしない‼」

（いや、したんだけど……）

ガチャーン！

企業ドラマばりの迫力で電話を切った編集長は、正気に戻り、「松田、ファクスで返信した用紙を持ってこい」と言いました。

私が差し出した書面を見て、編集長は爆笑しました。

「松田〜、オーケー出してんじゃやねぇかっ」

「そうなんです。すみません〜っ」

ヤバい。編集長があんなに激怒したことで、火に油を注いでしまったかも……。珍しく縮こまってブルブル震えている私に、編集長は意外なことを教えてくれました。

「いいんだよ、あれで。あれは交渉の一つのスタイルなんだ。30分後にまた俺が電話をかけて、さっき怒鳴った相手に謝るから。あちらもテレビ局から受注している制作会社だから、面目が立たないいんだろう。原作の版権を持っているうちがテレビ局に直接事情説明と謝罪をすると言えば、問題は収まるし、相手の顔も潰れないだろう？」

ほ、ほほ〜？……と、目からウロコでした。

実際、編集長は１８０度キャラを変えて電話をかけ直し、低姿勢で謝罪の言葉を述べ、スッキリと収めてくれたのです。

そして、「上司とは、メンバーのためならいくらでも演じられるものなのだ」という発見もありました。

いざという時にメンバーの前から立ち去って逃げる上司、矢面に立って全力で戦ってくれる上司。どちらが信頼を集めるかは明白です。

私はできるだけ後者でありたいと思っています。

注意、謝罪は面と向かって

メンバーをどうしても注意しなければならない時は、できるだけ面と向かって口頭で、二人きりで。

メールだと表情が見えないので、ニュアンスが伝わりづらく、余計な誤解を生むリスクがあることを、私は失敗から学びました。

大好きなメディアファクトリーがKADOKAWAに買収されて3年ほどの期間、私自身も精神的に不安が大きく、余裕がない状態が続いていました。

そんな時に、コミックエッセイ部門でこれから売り出そうとしていた若手作家に盗作問題が発覚し、さらに部内の雰囲気が悪化しました。

盗作問題そのものはなんとか収まったのですが、多大なるストレスを抱えてしまった私はつい、その編集担当者を責めるメールを送ってしまったのでした。

上司から叱責のメールを一方的に送りつけることが、どれだけメンバーの負担になるか。今では絶対にやらないと誓えますが、その時は私自身がまだ若く、不安定だったのだと思います。

このメールによって担当者自身も相当追い詰められていたことをあとから知り、私から謝罪をしました。今度はしっかりと面と向かって。この経験は、その後の私の言動に大きな影響を与えてくれました。とにかくまず、面と向かってサシで話す。これが、シンプルで一番大事なたったひとつの解決策です。自分の不安や怒りを、相手に（しかもメンバーに）ぶつけてしまうのは最低のことだと肝に銘じました。

フリーアドレスなどで特定の〝座り位置〟がない職場が増えていたり、リモートワークの普及で出社しなくても仕事ができたり、「顔を見せなくても済むシーン」が増えている今の時代だからこそ、大事な相手とは直接話さなければ。

コミュニケーションのちょっとしたかけ違いで、大切なメンバーとの信頼関係を失ってはいけない。私の反省に基づく学びでした。

告白します！　私の謝罪3連発

「雑誌をV字回復させた編集長」と褒めていただけることが多い私ですが、もちろん失敗もたくさんやらかしてきました。

やらかした後に重要なのは「すぐ謝る!!」。まごまごせずに飛び出して、謝ります。

『レタスクラブ』編集長時代の謝罪3連発、包み隠さず、お話ししましょう。

○家計簿事件

人の愛着を奪うと、大変なことになる。

それを身をもって実感したのが、「家計簿事件」です。

『レタスクラブ』で恒例の特別付録として、10年以上続いていた「スヌーピー家計簿」。

私自身にまったく家計簿をつける習慣がなく、周りの主婦も「家計簿なんてつける暇ないよね～」と話す人が多かった。たしかに周囲はスマホやエクセルで家計管理している人がほとんどです。

そのような実情を見て、あまり深く検証することなく、「この付録、今年からやめよう」と決めたのが大失敗。

ダイアリー風にリニューアルして出したところ、それまでまったく無言だった読者が立ち上がる、立ち上がる。1日何十件とクレームのメールが寄せられ、電話が鳴りやまない事態に。

それまで「毎年の家計簿付録を楽しみにしています！」という声はさして聞いたことがなかったのですが、実は〝言葉にはしない愛着〟を持っている読者がこんなにも、たくさんいてくれていたのです。

大変申し訳ございませんでした！ 私が悪うございました!!

素直に大反省した私は、翌年の同じ月には、家計簿付録を一寸たがわず復活させました。

○セックス特集事件

もともと「読者主体の、セックスレス白書のような企画をやってみたいね」というアイディアは編集会議で盛り上がり、いつか実現したいと思っていました。

たまたまある号で予定していた小特集の企画が流れて、ボリュームとしてもうまく合いそうだったセックス特集を急遽入れることに。担当者も頑張って面白い誌面をつくってくれました。

ところが、表紙に特集タイトルを入れたゲラを社内で回覧すると、「聞いてませんよぉーー!!」と飛んできたのが営業部の担当者です。

あ、しまった。忘れてた！

通常は、特集のラインナップが決まった時点で営業部と共有し、営業部はその特集ラインナップ（あくまで予定ですが）を持って営業に回ります。

セックス特集は、一度決まったラインナップの後に変更で加わったもの。私はうっかりそれを伝え忘れていたのです（おいおい）。

雑誌は編集部が独自の決定権をもって、読者の支持を集める誌面をつくることが第一だと思っていますが、この場合、営業部が真っ青になっているのは当然のことです。
セックス特集がどうこうというより、「事前に説明したラインナップと内容が無断で変更になっている」ことが、一番の問題です。そしてその原因は、完全なる私のミステイク。

「すぐに謝りに行きます！クライアントのところに連れて行ってください！」

こういう時は、即行動が原則。

結果、クライアントさんは温かく迎えてくださるところが多く、「刷り直し」や「回収」といった恐怖の事態までに発展することはありませんでした。本当に、『レタスクラブ』は、いいクライアントさんに恵まれていると思います。
ホッと安心した帰り道、もちろん営業部にも平謝り。私のこうしたミスにも辛抱強く付き合ってくれた営業メンバーにも心から感謝しています。ほんと、あの時はごめんね。

○試写会事件

自分に落ち度がない時も、表に立って平謝りする。

私の謝罪のレベルがまた一段上がった経験がこの「試写会事件」でした。

『レタスクラブ』の読者100名様を招待して、映画の試写会を開催した時のことです。

映画を楽しみに集まった皆さんが会場を埋め、そろそろ上映という時、舞台裏では大変な事態に陥っていました。

なんと、その日に限って映写機が故障。何をやっても動かない。そして予備の映写機はギリギリまで修理にあたったものの、どうやっても動かない。会場はムンムン。大ピンチです……！

「僕、昨日、関係者用に前売り鑑賞券を100枚買いました！会社にあります」

映像事業部の男性が神に見えました。

すぐに取ってきてもらい、ご来場くださった読者の方々には映写機の故障を謝罪し、せめてものお詫びにそのチケットをお持ち帰りいただくことに。

映写機の故障は不可抗力です。ですが、『レタスクラブ』主催として皆さんをご招待している限り、ここは私が謝らないと収まらない。

丁重に深々と頭を下げ、それはそれは丁寧にひれ伏さんばかりの勢いで謝りました。

ありがたいことに、読者の方々は事情を理解し、許してくださいました。遠方からいらした方もいたはずなのに、ありがたくて涙が出そうでした。

ミスをした時は、できることを精一杯やる。自分が謝って収まることなら、まごまごせず前に出る。

そんな姿勢が伝わることが、謝罪の極意なのかもしれません。でももう正直、謝罪はしたくないですね……。

オマケ。

ある謝罪の場面で、私はうっかり華やかなワンピースで登場してしまったことがあります（おいおい）。

集合場所に集まった謝罪メンバーは、私以外は全員真っ黒な出で立ち。まるで踊り子とバックダンサーのようになってしまいました。

「ヤバい。もっと地味にしておくべきだった……」と内心激しく動揺していましたが、今さらどうもできません。慌てても、他のメンバーを不安にさせるだけです。あえて平静を装い、すました顔で「私はいかなる時も派手なキャラなのよ」くらいの態度を通すことに決めました。

部屋に通されてからの謝罪の場面で、いつもより5センチ深く、必死に頭を下げたことは言うまでもありません。

〝圧〟を消すためのゆるふわ戦術

40代を迎えた女性が自覚したほうがいいのは、だんだんと周囲に対して〝圧〟を感じさせる存在になっているということ。

私の場合は目も吊り上がってますし、肩幅も広いので、「お会いするまで、ちょっと怖い方かと思っていました」なんて言われることがしょっちゅうあるのです。

たしかに、私はもともと「中身は男」である自覚がありますし、実績や肩書きがついてくると、何も言わなくても〝圧〟を相手に感じさせてしまう恐れがあります。

ということで、ここ数年心がけているのは〝圧消し〟の努力です。

まずは着る服を、できるだけゆるい素材で、明るい印象のフェミニンな雰囲気に。メディアファクトリー時代には、ジャージやエキセントリックな柄の古着で出社していたくらいの私ですから、完全に〝女装〟の域です。

でもどうやら、女装をするくらいのほうが、周りが安心してくれることがわかり、ここ数年はコスプレ気分でワンピースやスカートを着用することにしています。

ゆっくり買い物をするほどの時間はないため、もっぱら重宝しているのが、サブスク（月額定額）型のパーソナルスタイリングサービス。私は「エアークローゼット（エアクロ）」を愛用していますが、毎月1万円足らずの出費で、体型に合う好みの服が3着届き、気に入ったものは安く購入できるという仕組みが効率的で気に入っています。

リアルに買い物に出かけるお店で一番通っているのは、「トレジャーファクトリー」。1着300円〜など激安の古着屋さんです。なんといっても安いから、たくさんいろんな服を買えるのがうれしい。私はお店を1周しながら20着くらいカゴに入れ、試着室にこもって選別し、5〜7着くらいをまとめ買いするのがいつものパターン。ここに来るとテンションが上がるので、大好き！　正直、書店よりも多く通っているかもしれません（笑）。

上質で高級な服を大事に手入れして長く着る、というスタイルとは真逆。

安い服をたくさん買って、ワンシーズンで着回したら処分して買い換える。手入れが不得意という理由もあるし、服でもなんでも常に〝新しいもの〟を取り入れるのが好きな性格なのかもしれません。

時短で「脱！疲れ切ったおばさん」

話ついでに書いてしまいますが、「見た目の維持」は結構大事。疲れ切ったおばさんにだけは、できるだけなりたくありません。見た目もイキイキとした人のほうが、魅力的に映ると思います。

ということで、健康的な見た目を保つ努力はできる範囲でやってきました。

肌と体型のメンテとしては、週に1～2回のホットヨガ通いを7年続けています。大量に汗をかいたら身も心もスッキリ。ヨガを始めてから、気持ちが穏やかになったような気がしますし、肩こりも緩和しました。私にとってはもう生活の一部です。

また、40代も後半に入りましたので、本格的な体力づくりを始めようと、パーソナルトレーニングも開始しました。何せ長く働くには体力が必要です。

「二の腕を半分にする！」と前頭葉にセットし、せっせとバーベルを持ち上げています。追い込まれる感じが性にあっているのか、今のところ楽しく通っています。


第一印象を決めるという意味では、肌と同じくらい大事かもと思うのは「髪」のケアです。パッサパサで白髪交じりの髪を放置していると、それだけで老け込んだ印象に。

私は空き時間が2時間ほどできると、近場のサロンをパッとアプリ予約して、カラーリングやトリートメントの施術を受けます。さくっとリフレッシュできて、ご機嫌に過ごせます。ネイルサロンも空き時間にササッと。これも、定額で契約サロンを予約できるサービス「MEZON」や割引額の大きい「ホットペッパービューティー」をフル活用しています。

トリートメントやヘッドスパ、ネイルは特定のサロンにこだわらず「空いた時間にすぐ行ける近場」という基準だけで予約していますが、ヘアカットだけは別。絶妙なボブのラインをつくってくれる表参道の美容師さん（イケメン）にお願いして、垢抜けた印象かつ、セットが楽になるように整えてもらっています。

全部頑張りすぎるととても時間が足りませんが、手を抜くところは手を抜いて、メリハリ時短で見た目をキープ。

便利なサービスも、臆せずまずはどんどん活用するといいですね。

育児家事に、罪悪感は持たないでいい

私には中学生になる息子がいます。

編集長業をしながら子育てをしてきたワーキングマザーという側面に興味を持ってくださる方もいるので、私なりの子育ての考えも軽くお伝えしておこうと思います。

まず、大前提として、仕事をしていると子育てにかけられる時間にはどうしても限りがあります。

でも、そのことに後ろめたさを感じる必要はないと思っています。

息子を産んだ産院が同じで、以来、〝最強のママ友〟として公私ともに仲良くしていただいている浜田敬子さん（『Business Insider Japan』統括編集長）。彼女は前職の『ＡＥＲＡ』時代にも、たくさんのワーキングマザーの実情を取材してきたジャーナリストですが、敬子さんいわく、「紀子さんほど、罪悪感のないワーママはいない」のだそうです。

「そんなにみんな、罪悪感持って子育てしてるの？」

という私の反応がまた、彼女の確信を強めたようです。

息子と平日の夜にご飯を食べることも滅多にできない。学校の保護者会も年に一度やっと顔を出すくらい。

1歳過ぎた頃からベビーシッターやシルバー人材センターの方々を頼りまくり。
小学生になると家庭教師を雇って、シッターもかねて来ていただく。
自分が思い切り働くために、夫にもフル稼働してもらう（夫は私より料理上手です）。

そんな私がなぜ1ミリも罪悪感を抱かないのか？
理由はこの一言に集約されます。

「あなたが今楽しく生きているのは、私があなたを産んだから」

まあ、わりと乱暴な論なのは自覚していますし、この論に反感を覚える方もたくさんいらっしゃるとは承知していますが、でも、私自身はそう思って子育てしてきました。

「私の息子に生まれたから仕方ない」としか、息子には言いようがありません。でもその代わり、生きるのは楽しくてハッピーで、毎日うれしいことや心躍ることがたくさんある！
自分の人生は自分で作れるんだよ、ということを全力で伝えているつもりです。

「こういうものだ」と堂々と接していると、子どもも疑問や不満を持たないようです。たまに私が早く帰宅すると、「今日は早いんだね。どうしたの」と驚かれる始末。仕事をしているほうが私の機嫌がいいことを、息子もよくわかってくれています。これには深く感謝しています。

それに、子どもはとても、親だけで育てられるものではありません。ベビーシッターさんや保育士さん、先生方、近所のママ友・パパ友、少年野球のコーチ……、たくさんの大人たちに囲まれて、息子はいろんなタイプの大人がいることを学び、自分というものを確立していっている気がします。

最近は夫が親の介護のために不在になる日も増えたので、長崎から私の母も手伝いに来てくれるようになりました。

この母もまた、自分の子ども（私と姉）には過剰な期待を一切せずに「生きていればよか」という、非常にざっくりとした方針で子育てをやってきたツワモノです。

この母の影響を、私も多分に受けているのかもしれません。

ここぞというわが子のピンチは救ってみせる

私がどれだけ息子を放置プレイしているか自慢のようになってしまいましたが、やはり親にしかできないケアはある。

「ここぞ」という場面ではしっかり向き合うようにしてきました。

子どもは言葉よりも表情や態度に、心模様が表れます。

顔を見ていて「なんかおかしいな」と感じたら、「なんかあった?」と話を聞くようにしていました。

忙しいと「ママ、聞いて、聞いて」と言われても「あとでね」と後回しにしがちですよね。でも、それがあまりに続くと子どもは「ママは頼っちゃいけない」と遠慮するクセがついてしまうのだとか。

思春期に入ると「聞いて」とすら言わなくなってくるので、表情をチラッと見て様子を観察するようにしています。

子どもは子どもの世界の中で、ストレスにさらされています。どうにもならないピンチに瀕している時には、正論で詰め寄るのではなく、あえて気持ちが楽になる逃げ道をつくってあげるようにしています。

時間はかかっても、その逃げ場に癒され、自ら物事に立ち向かっていく姿を、今まで何度も見てきました。ピンチの時は、責めずに逃がす。そして心身ともに落ち着いたら、また自力で立ち向かう姿を応援する。私が今やっている子育ては、むしろそれだけのような気がしています。

息子は私の応援隊長

私は息子をあまり子ども扱いせずに、仕事の話も日常的にしているほうだと思います。

自分の母親が本のヒット作を出したり、雑誌の編集長をしたりしていることは、息子にとっては自慢だったようです。

だから、編集長を辞めて出版業界からもいったん去る決断をした時に、どう伝えるべきか一番迷ったのは、実は息子でした。


「あのさ、編集長、辞めることにしたんだ。会社も辞めて転職する」

「え、マジ?　次は何するの?」

「ファンベースカンパニーっていう会社に入って、編集でためた力をいろんな会社で役立てる仕事をしようと思う」

「すげえ！　そこでも1番とりなよ！」

この言葉はうれしかった。

ちょっとだけ残っていた未練が、全部吹っ切れました。

息子よ、エールをありがとう。

これからもこの母の息子に生まれたことを、絶対に後悔はさせないよ！

おわりに

編集者が本を出版する、というのはどうも著者の皆さんの領域を侵しているような気がしていたのですが、この度、出版界から引退するという選択をしたことでふっきれました。何か、後世の皆さんに残せたらという一心で今までの経験をまとめてみました。

しかしこれが読み返してみると、私の思い込みの激しさや無鉄砲さ、あまり深く考えない性格などが丸出しになっており、果たしてこれで皆さんの参考になるのか、甚だ不安です。せっかく手にとっていただいたのですから、何か一つでも、お役に立てれば本望です。

私の好きな言葉に、「今が残された人生で一番若い時」というのがあります。「もう年だから」「もう少し若かったらね」という言葉で、どれだけ多くの人が、やりたいことを棒に振ってきたことでしょう。もちろん私もこの言葉に出会うまではそうでした。でも、そうじゃない。これまでの経験を十分に生かして、残された人生で一番若い今の自分で、トライすることができる。そう考えたら、また前向きに歩ける。今なにか、迷ったり悩んだり、暗闇の中にいるような感覚の方は、この言葉を思い出していただければと思います。

この本のなかに登場してくださった多くの方々の一人でも欠けていたら、今の私にはたどり着けなかったと思います。皆さまには大なり小なりご迷惑をおかけしているにもかかわらず、いつも大目に見てくださって本当にありがとうございます。素敵な漫画を描き下ろしてくださいました、青沼貴子さん、おぐらなおみさん、小栗左多里さん、たかぎなおこさん、野原広子さん、そしてカバーイラストを描いてくれた姉、松田奈緒子にも心から感謝いたします。姉ちゃん、今はそんなに骨付き肉ばっか食べてないよ（笑）。

他にもたくさんの方々の手を煩わせましたが、なんとか形に仕上げてくださったデザイナーの千葉慈子さん、集英社の今野加寿子さんに特に深くお礼を。本当にありがとうございました。

人生100年時代ですし、なるべく心の風通しよく、うきうきするような出来事満載で過ごしていきたいものです。皆さまの毎日にも、うきうきがたくさん訪れますように！

松田紀子

松田紀子（まつだ・のりこ）

1973年長崎生まれ。97年リクルート九州支社に入社し、旅行雑誌「じゃらん」の編集に3年間携わったのち上京、2000年メディアファクトリーに入社。11年、メディアファクトリーがKADOKAWAに子会社化、のち合併され、「コミックエッセイ編集グループ」編集長に。16年「レタスクラブ」の編集長も兼任。18年には同誌が料理・レシピカテゴリの雑誌で売上1位を記録する実績を残した。19年9月にKADOKAWAを退社、（株）ファンベースカンパニーに合流。編集力を活かした<ファンベースディレクター>として様々な分野の起案・企画に伴走。実姉は漫画家の松田奈緒子。

ファンベースカンパニー
https://www.fanbasecompany.com

悩《なや》んでも10秒《びょう》
考《かんが》えすぎず、まず動《うご》く!
突《とっ》破《ぱ》型《がた》編《へん》集《しゅう》者《しゃ》の仕《し》事《ごと》術《じゅつ》

2019年11月30日　第1刷発行

著者　松《まつ》田《だ》紀《のり》子《こ》

発行者　茨木政彦

発行所　株式会社集英社

〒101-8050　東京都千代田区一ツ橋 2-5-10
電話　編集部 03-3230-6143
　　　読者係 03-3230-6080
　　　販売部 03-3230-6393（書店専用）

印刷所　大日本印刷株式会社

製本所　株式会社ブックアート

ISBN978-4-08-788029-8 C0095